居者无声

在自己土地上被噤声的人

Dwelling in Silence

Essays on the Silenced in Their Own Land

荒 岛

非虚构

创新时代出版社
Innovation Era Press（Boston, U.S.A.)

居者无声 Dwelling in Silence

在自己土地上被噤声的人

Essays on the Silenced in Their Own Land

疫・防　　房・役　　闻・问　　西・东

作者：荒 岛 By Desolate Isle

出版：创新时代出版社（美国 波士顿）

Published by Innovation Era Press（Boston U.S.A.）

出版社网址：https://www.ierapress.com

150,000 字

229*152 mm

366 页

2026年6月第1次出版发行 First published June 2026

Library of Congress Control Number :

美国国会图书馆编目号码（LCCN）：2026944556

国际标准书号 ISBN-13：979-8-950761-02-7

作者 / 出版 联系方式：contact@ierapress.com

作者简介

荒岛，原名刘干，创新时代出版社（Innovation Era Press,Boston,U.S.A.）创始人。根据本人多年企业经营、创新发明、交通工程、教育实践和社会经济研究，创作非虚构作品《失序世界中的我们》《出路》《市风日下》《创客手记一》《创客手记二》，散文诗词集《馀光予月》，专业著作《交通安全新认知》《主动发光道路交通标志研究与应用》《5G时代的智慧道路交通》等，先后应邀为新华网、三联生活周刊、澎湃新闻专栏作家。

序

噤声的中国人

2026年5月24日

2020至2025年是极不寻常的六年，很多中国人如同经历生死劫般煎熬。事业倒下，家庭破产，甚至有人自行了断本不该结束的生命。屋漏偏逢连阴雨——先有经济下行，后有疫情封控，再有内卷盛行，所有中国人看涨并热炒了近二十年的房产价格应声下跌。各级政府使出的种种招数非但没有奏效，反而是无数家庭与企业的各类动产、不动产紧跟着房价一路下跌。

与人聊天太多，会有"话痨"之嫌。于是在经济环境恶化与企业经营危机的双重巨大压力之下，我以写作作为缓解焦虑的出口，变相与社会对话。六年里，我在"创新学社"公众号写下四百多篇原创文章，尽管文章因内容被莫名认定"违规"而遭拒发、删除或账号暂停，早已是家常便饭。

《居者无声》收录了六年间写作的131篇文章，涉及疫情、房产、民生和中美等内容，分为"疫・防、房・役、闻・问、西・东"四个部分。同期出版发行的另有《世风日下》（企业与经济）、《馀光予月》（文学随笔）。

作为一名惯于撰写社会观察文章与非虚构作品的作者，我始终坚持，发出的声音必须基于事实。那些在社会上广泛上演的虚假文字、数据、图像与声音，或出于某种需要，或看似其乐无穷，但既会伤及无辜，也经不起历史的回望。将文章集结出版，可以避免自媒体账号与文章生死未卜的不确定性，让它留存于更长久的历史记录之中。

在向美国国会图书馆申请LCCN书号时，系统要求填写英文书名，于是我给《居者无声》起名Dwelling in Silence: Essays on the Silenced in Their Own Land——在自己土地上被噤声的人。正如本书内容所呈现的：那些在防疫中被禁足的，在买房中被奴役的，在生活中被噤声的，在生计中被困顿的，在辛劳中被消耗的，绝大多数人恰恰是微不足道、人微言轻的。

我把这本书交付给AI Claude阅读，请它推荐5篇代表作。它选出的是：《究竟是什么导致了大量失业？》《古代官员为什么不敢报忧？》《曹克明，南京人民当年极其难得的好官》《不是一路人，真的不要走进婚姻》《再多桥隧奇迹，也抵不上让黑暗中的人看到光》，认为这五篇覆盖了社会、政治、历史、人性、文明等五个维度，也代表了全书不同的写作风格。我建议读者系统读完全部内容；当然也可以挑拣着读，毕竟每篇文章都有其独立性，而总有一篇，与不同读者的生活或工作紧密相关。

我知道，不是每一个中国人都甘于沉默。在疼痛、困境甚至绝望中，有太多人想说却无处说，想喊却无人听。希望这本书，能够代表那些不得不沉默的人，让更多人听到共同的声音。

目 录

疫・防

沉重的记录

2020 年 1 月 22 日

这二十来天，我一直旁观这场传染性肺炎疫情的进展。任何一件事都需要真相。无论好坏，真相是判断的基础，也是让事情向好的方向发展的前提。舆论永远都会有，制造假象则可怕，揭示真相则可敬。

1 月 20 日中午，我接到武汉一位客户的电话，年前有急事需要处理。彼时网络上已有疫情较为严重的传言，但官方公开的数据尚且平稳。出于急客户所急的考虑，也出于对商业信誉的售后履约，我毫不犹豫地安排了两名员工驾车前往武汉。

那几天，我在各个微信群里尽可能地劝身边人淡定。对 14 亿人来说，官方公布的感染数字，危害概率小到可以忽略不计。只要不是人传人，只要不是空气传播，就不必过于担忧。

21 日，官方和网络开始铺天盖地发布新的疫情信息：人传人，确认。这导致我无法继续保持淡定。白天，我连发数条消息要求出差人员戴好口罩、做好防护。傍晚，我直接要求出差人员停止工作，立即返回。

对外，对微信群，对身边人，我依旧保持沉默。

我依然希望，凭借强大的行政动员能力，这场疫情能被压制住。

22 日，也就是今天，恐怖的消息接连不断。疫情正在从武汉向全国、向全世界扩散。公信度极高的生活周刊媒体发布一篇现场报道披露了更早的真相：武汉华南海鲜市场早在 1 月 1 日已经关闭，原因早已有据可查；早在 12 月中旬，陆续已有人发病，救治患者的医护人员早已噤若寒蝉。21 日一天暴增的疫情数据，不过是多日积累之后的一次集中披露。

据身在武汉的官员、记者朋友的内幕消息：已经错过了至少二十天、甚至更长的最佳防控时机，没有办法不痛心。

仅仅是 20 日至 22 日这三天，无论东西南北、大城小镇，人们纷纷戴上了厚厚的白色口罩。在城市街道挂满红色灯笼的映衬下，白色口罩成为 2020 年中国农历新年的心头压抑。

当天，我在公司群里发出一条通知：

@所有人：为控制病毒扩散、支持防疫、保障员工健康，建议计划过年外出的员工取消行程，尤其是有儿童的家庭。因此取消行程导致的退票、退房损失，年后上班时全额补贴。

发完这条消息，我盯着屏幕坐了很久。窗外，除夕前的几天辞旧迎新中，鞭炮声零零星星地响。没有人知道，接下来会是什么。

红灯笼，白口罩，江城新年好

2020 年 1 月 23 日

江城，武汉，新年的红灯笼早已高高挂起。面对瘟疫，人们纷纷蒙上驱魔的白口罩。封城令之前，魔鬼只不过拥有一根稻草的力量。

从社会研究的角度看，所有的脆弱都是问题积聚之后的显性表现，一根稻草能压倒的，是长久以来的不平衡。

一是麻木。

上下五千年是优势，14 亿人口是优势，政治集权是优势，辛勤劳作是优势。似乎再没有什么理由，我们不会继续大发展、大增长。相较世界一流的水平，人均 GDP 还有至少六倍的差距，没有理由不发展。就是这样的优势与趋势，让人无法相信，自己的未来会还不上那么多的房贷与负债，会有什么天灾人祸真的降临自身。

二是差距。

尽管是网络、信息、数字社会，却并没有改变社会结构。人与人、生活与生存、顶层与底层之间，被思想、科技、政治的高速发展拉开了巨大的鸿沟。权力可以肆意任性，金钱可以胡作非为，私欲可以背信弃义，人性挣扎在世俗与欲望之间，失去了去向。

三是自我。

活在当下，活好自己，莫要去触碰那美轮美奂的泡沫。天塌下来最先压倒的是高个子，压到我的时候也是整个人类的灾难了。这样的念头，让人对社会负面的憎恨与冷漠，替代了人性最基础的爱与善。

一个23岁的打工女孩告诉我，她家住在云南彝良县的偏僻之处，是现代版留守儿童的产物，初中读完就走上了社会。幸运的是，她没有在十四五岁就走进婚姻。她说，她希望常年在矿山打工的父亲和独自留守抚养弟弟妹妹的母亲离婚。在她看来，离婚或许可以让两个人各自幸福，免去日积月累、见面必有的争吵。她说，她不知道家庭与亲情该是什么样子，她自小跟着姥姥长大，十几年的成长里跟父母只有零星碎片的相处，没有交流，也没有未来。她脸上的模样，印证了她所说的一切——那是玉米面与土豆泥养育出来的神情。

麻木、差距、自我，贴在人们身上的这三个标签，正在让魔鬼变得更加狰狞，让稻草变得更有重力。

年前，朋友圈里散布着创业者自杀的消息。生意失败了，债务压顶了，有人选择了离开。尽管在这个可以用钱购买很多东西的社会里，最不该放弃的，恰恰是活下去的信心。

大年三十，逃离城市的念头

2020 年 1 月 24 日

大年三十了。喜儿该是扎上了红头绳，迎接她和她爹杨白劳的新年。黄世仁家应该也是张灯结彩，向乡亲们展现着黄氏家族的聪明一世、万贯家财。

只是，世道果然是轮回的。空间里发生的一切，在时间的年轮里往复。人性的贪婪一次次被机遇充斥，又一次次被危机刺破。

旱涝、战争、瘟疫，祖先们经历过的一切，今天的人们似乎已经忘却。或许永远不再会驾临，财富赋予了人们足够的自信。

权力不会相信，在医学发达的今天，小小的病毒、小小的发热咳嗽，还能影响什么大江南北的车水马龙。盛世的歌舞、雄壮的宣言，才是引领人们迈向新时代的鼓点。

资本不会相信，零零散散的怨言、事故、问题，又怎么会波及、颠覆得了财富加持的人中龙凤。疯狂裂变的模式、牢不可破的机密，才是庇护肉身的能量。

管老师[1]者众而语孤，钟院士[2]者寡而语高。偌大的 14 亿人

---

[1] 管轶，国际顶尖的医学微生物学和病毒学专家，香港大学新发传染性疾病国家重点实验室主任及流感研究中心主任，在 SARS（非典）和新冠疫情（COVID-19）研究中，他因最早确认病毒来源及传播途径而做出重大贡献。

[2] 钟南山，中国工程院院士，专长慢性阻塞性肺病及其他呼吸道病。

口与 960 万平方公里，两个基数之上，寡而语高者不亲临发声，纵然众而语孤者声嘶力竭，也是无济于事。

我自己做的事，是面向解决道路交通事故的使命与技术。自私家车暴增的新世纪以来，中国至少已经有数千万人、数百万家庭因此痛苦，社会因此不安。然而权力关心的，是这样的使命与技术是否属于体制，给予支持是否会被质疑或连累。资本关心的，是能否垄断，能否爆发，能否“抽刀断水”。

宁愿让权力平稳地待在那儿十年、八年，也绝不能为谋社会福祉而担风险。

宁愿让金钱安静地躺在那儿炫目、黄变，也绝不能为社会问题去买单。

病毒并不可怕。可怕的是其背后——自信、麻木、失措、恐惧，一层一层叠在一起。

可怕的是城市建得那么大，专家们论证、规划了一次又一次，却不曾料到，千万人口集聚的大城市，会有那么多症结和痛点，会在一场病毒面前如此脆弱。

这个大年三十，我第一次认真想了一件事：年后，能不能逃离城市，到一个小一点的地方，安静地生活，世代生息。

瘟疫如何改变历史

2020 年 1 月 25 日

历史是一面镜子。瘟疫，是历史最不愿承认、却最难抹去的那张脸。

传染病改变历史走向的事件，其实常常发生。耐人寻味的是，在传统史学的叙述中，传染病的作用常常被完全忽略。史学家总是可以总结出胜利方有多么英明睿智、未卜先知，失败方则是怎样的昏招迭出、无可救药。然而，假如没有瘟疫的神助攻，也许就不会有胜利方的临门一脚，那么上述结论可能就会颠倒过来了。每当看到专家们按照传统史学的思维方式发表类似评论时，人们仿佛听到了瘟疫之神正在某个阴暗的角落，发出诡异而轻蔑的冷笑。

一、瘟疫与战争，闯王破了明朝

欧洲人无不对 1348 年和 1918 年这两个年份谈之色变。前者是黑死病（1347—1353 年）的高峰之年，这场瘟疫杀死了当年欧洲约三分之一的人口；后者是历史上最凶猛的流感大暴发的高峰之年，这场流感从欧洲蔓延至世界各地，吞噬了约五千万条生命。

以下几个例子，在学术界已得到广泛认同。

拿破仑大军远征俄国的失败，是导致拿破仑帝国由盛转衰并最终覆灭的转折点。而真正击倒拿破仑大军的头号功臣，是斑疹伤寒。这场在法军中肆虐的疫情，曾创造每天杀死法军六千人的纪录。无论是导致死亡的数量，还是引发的恐慌与战斗力丧失，都远超敌军的作用。

1918 年全球大流感对第一次世界大战的影响，同样不可忽视。德军于 1918 年春季在西线发动猛烈攻势，一度进逼巴黎郊区。然而来势凶猛的流感，放倒了德军一半以上的士兵，使其精心策划的"最后一击"化为泡影。英法军队虽同样饱受流感折磨，却争取到了等待美国全面参战的时间。很多战争史专家认为，若无这场大流感的阻击，德国很可能成为一战的最终赢家。

三国时期的赤壁之战在中国妇孺皆知，然而瘟疫在这场战争中的作用却鲜为人知。《三国志·魏书·武帝纪》明确记载了曹军的真正败因："公至赤壁，与备战，不利。于是大疫，吏士多死者，乃引军还。"也就是说，曹军在赤壁吃了败仗不假，但并未因此一败涂地，真正迫使曹军退兵的原因是"大疫"。至于华容道捉放曹，不过是小说家的文学创作。

明朝亡于天灾的说法，是现代明史研究者普遍认同的观点。鼠疫在明朝最后时刻砍出了最关键的一刀。明末鼠疫发生于 1633 年的山西，1641 年蔓延至北京周边。1644 年春，鼠疫在北京达到流行高峰，累计已造成北京 20%—30%的人口死亡，出现了"人鬼错杂，日暮人不敢行"的人间地狱景象。就在此时，李自成大军撞上大运，轻而易举地攻陷了这座原本城防坚固的帝都。

然而当志得意满的李自成坐上皇帝宝座之时，瘟疫的幽灵已渗入他的大军之中。一贯作战顽强骁勇的大顺农民军，在鼠疫侵袭下战斗力骤减，惨败于多尔衮与吴三桂的联军，北京城在短短一个多月内更换了两次主人。李自成军队为何在如此短的时间内突然"腐化"，一直是历史学界的热门话题。直到近十多年来，鼠疫这个幕后推手才被推到历史研究的前台。

二、饿吃老鼠，富吃野味，人类会遭到报复

纵观中国"二十五史"及各地方志所记载的疫情，总体趋势是年代越往后，被记载的疫情越多。这未必说明疫情频率在持续升高，更可能是因为越往后的年代，史料记载越详尽，疫情被遗漏的概率越小。但有两个时代的疫情次数，与前后时代相比均呈现大幅增长，说明这两个时代确实是历史上传染病的真正高峰期。

第一个时代是东汉末期到三国初。东汉最后三十年，有记载的全国性大瘟疫发生了十二次，小规模的地方性疫情则不计其数。204—219 年是最可怕的年代，很多地方人口死亡率达 50% 甚至更高。医圣张仲景在《伤寒卒病论》中写道："余宗族素多，向逾二百，自建安以来，犹未十年，其亡者三分之二，伤寒十居其七。"东汉末年到三国初年，是中国有文字记载的三千多年历史上人口减少最剧烈的年代，人口从六千多万骤减至一千五百万以下，瘟疫可能是这个苦难年代的头号杀手。

第二个恐怖的大瘟疫时代是明末清初。鼠疫与天花两种古代最可怕的杀手接踵而至，轮流肆虐。明末大鼠疫的起源，说来是一个彻头彻尾的悲剧：饥荒中的民众为了活命，挖开老鼠洞，吃掉了老鼠及其储藏的食物，而老鼠留下了鼠疫杆菌，作为对人类社会的报复。天花亦不甘示弱，杀死了顺治皇帝、多铎等政坛大佬，而康熙皇帝被选为接班人的主要原因之一，正

是他已经出过天花，不用担心再度感染。

三、人口集聚、交流过密，是瘟疫爆发的温床

东汉末三国初、明末清初这两个时代，为何成为中国历史上最恐怖的大瘟疫时代？这两个时代有一个共同点，都是中华文明对外交流范围发生质的变化之后，所面临的第一个乱世。

自汉武帝凿空西域、丝绸之路真正贯通，中华文明从孤立于东亚一隅，转变为亚欧大陆核心经贸文化交流链条中的重要成员。对于传染病而言，这意味着全新的传播路径。

第二次质的飞跃发生在明朝后期。16 世纪地理大发现，开始将全球联结起来。这个时期的中国看似内敛保守，实际上已不自觉地卷入全球化进程——东南沿海贸易规模不断扩张，澳门成为西方人在中国的第一个立足点，西方传教士大批进入中国。

世界各地交流强度与范围的扩大，既包括人员与商品的流动，也包括物种与微生物的传播。各地难以避免会传入新的传染病，或旧传染病的新亚种。对于尚未产生免疫力的人群而言，这正是疫情流行高峰的根源。在世界范围内更典型的例子，是欧亚大陆各种传染病对美洲原住民的毁灭性冲击。

在人类历史上，两种情况下最有可能引入新的传染病：一是与原本没有交流的地区和人群发生了密切接触；二是与原本没有接触的动物发生了密切接触。

武汉市市长的那句话

2020 年 1 月 27 日

编者按：本文写于 2020 年 1 月 27 日。文中所引周长旺市长之言，是作者彼时基于公开信息的真实反应。此后周长旺因贪腐被查处入狱。作者保留此文，是保留那个时刻的真实判断，而非为其人品背书。一个贪官说了一句真话，人们当时信了——这本身，就是那个年代的注脚。

网络上，武汉市市长周长旺说："只要有利于疫情控制，愿意革职以谢天下。"

在那些天里，我做了尽可能多的调研。我能接触到的武汉人、湖北人，关于这场疫情的一切——谣言的、质疑的、官方的、亲历的，我都做了记录和分析。

这场疫情，站在不同的位置，看到的是完全不同的世界。

站在病理学角度：找到病原体，切断传播源，研发特效药，万事大吉。

站在官方角度：这场疫情的背后，意味着国际孤立、大量失业、经济倒退，以及难以预料的各种动荡。

站在感染患者的角度：恨不能去了医院就神清气爽，回家串门拜年。

站在社会学家的角度：总有一种办法，可以让社会变得更好。

事实是什么？在此刻，强者只会告诉世界，一切不可避免。但弱者，永远无法避免。

我们要站在弱者的角度看问题。

市长的权力有多大？下层望上层，无限大，就像仰望天空。上层看下层，如同从二维空间俯视一只蚂蚁——它永远不可能从玻璃杯的边沿爬出去。

很多事情，根本不是今天一朝一夕形成的。在一段泛黄的岁月里，"商人敬权力一杯酒，权力回敬商人一层楼"——你能怎么样？说他们错了？他们都有追求，在岁月的风尘中努力。

灾难就这样来了。我们自己共同养育的魔鬼，怪不了谁。

我自己有过一次感受。站在楼顶上的时候，接到了逼债的电话，然后从容地退下来了。那一刻我才明白，除了这样的电话，没有任何动力能让我觉得，钱比命重要。我应该继续挣钱还债。

如果有人在你站在楼顶的时候，向你逼债，他一定是你的命中克星。

如果有人在你站在楼顶的时候，卖了房子救你，他一定是你的真爱之人。

武汉市市长，有了那样一句话，在那个时刻，就够了。

我们这个世界，并不都那么美好，包括我们自己。

舆论不可以指挥"新冠病毒战争"

2020年1月28日

随着武汉新型冠状病毒肺炎疫情的持续发展，网络舆论汹涌澎湃。主政官员应当立即问责、武汉封城太迟放走了五百万病源人群、病毒是某某西方国家阴谋、中医祖传秘方满天飞……在非常时期，这些极端或失真的声音，正在以极快的速度扩散。

人们需要真相，这无可厚非。但舆论需要以真相为前提，否则舆论的刀背刀刃都会杀人。

大家应该还记得，2018年10月，重庆万州一辆公交车坠入长江，事发之后社会舆论一边倒地指责被撞的私家车女司机。结果，打捞出的视频监控清楚地表明，那位女司机分明是受害者。

在农村有句老话："口水沫子能淹死人。"就是当下，大量的轻生自杀者，也有相当一部分是因为承受不住舆论压力。

我一直在寻求一个答案：政府的公信力在哪里，真相是什么。如果新冠病毒真的具有极强传播力，这次人们的灾难已经不可能避免；如果病毒传播力一般，巨大的社会舆论则会把某些人、某些群体或某座城市逼向极端的死角。

这是我们想要的吗？

我们共同的敌人是新冠病毒，我们共同的目标是尽早消灭它。厘清了敌人和目标，我们只需要共同行动去战斗。

打赢一场战争靠的是什么？稍有军事知识的人都知道：统一的指挥、必胜的信念、精准的战术。历史上，没有哪一场战争是靠七嘴八舌的社会舆论打赢的。

钟南山院士在非典中的贡献，让他成为家喻户晓的英雄。而管轶先生，同样是国际权威、著名的新发病毒性疾病学资深研究者，却并不为众人所知。管轶先生追寻病原体而未果，说了几句掏心窝的话，情理之中，却遭到大量质疑。

英雄者寡，而语重；研究者众，而语孤。

我相信，那些广为流传的命丧病毒的视频都是真实的。但任何一个做学问的人，都不能用传播的个案去论断可能的普遍规律，需要真实、权威的数据支撑。

社会舆论赢了吗？没有。

那些在风雨中露天排着长队的病人，那些被拒绝吃住而流浪街头的湖北人，还有郑州因为大白菜涨价被罚款五十万的商贩。他们需要的，不是网络上的嘴沫子，而是政府与社会实实在在的帮助行动。

近段时间，我发现自媒体的字里行间满满充斥着无尽的担忧与愤怒。我们或许已经不再贫穷，却似乎患上了另一种集体症候：对真相漠然，对情绪上瘾，对行动无力。

这场疫情必须尽早扫除，越早越好。舆论可以记录，可以追问，但它不能替代行动，更不能指挥战争。

疫情之中，我有四个疑问

2020 年 1 月 29 日

疫情持续发展，每天盯着数字和新闻，心里积累了几个问题，始终没有找到令人满意的答案。写下来，算是一种追问。

第一个疑问：捐款的效率。

企业和个人捐款捐物，除了表达爱心、救急以及凝聚人心之外，与国家财政直接拨款相比，效率究竟哪个更高？我们见过一些大型运动会，动辄几百亿的财政投入，调配之迅速令人印象深刻。那么同样是紧急状态，国家统一调配与民间捐助，哪条路更短、更快？这个问题值得认真比较，而不是凭感觉下结论。

第二个疑问：物资调配的机制。

很多人自发去抢购医用物资，转寄湖北、武汉及其他需要的地方。但问题是：这些医院为什么会缺这些物资，而普通老百姓却能买到？政府的调配能力不是应当比个人更强吗？统一调配不是效率更高吗？现在负责这件事的是哪个部门，运行的是什么机制？既然已经进入紧急状态，这些信息理应向公众说明。

第三个疑问：治愈者用的是什么方法？

从公开信息来看，已经有一些感染者治愈出院。可否公布一下，他们是被什么治疗方法治好的？该方法的通用性有多高？费用贵不贵？这些信息有助于百姓评估感染后的实际状况，减少因未知而产生的恐惧。恐惧，往往比病毒本身更难控制。

第四个疑问：不可抗力的边界在哪里？

国家延长了假期，这周的损失谁来承担？疫情应当被认定为不可抗力，那么企业是否可以据此申请免除或减少这段时间的员工薪资、房租等刚性支出？员工和企业是否可以申请相应的国家补助或税收减免？这不是推卸责任，而是在非常时期，国家、企业与个人之间如何合理分担代价的问题。这个问题的答案，关系到无数中小企业能不能撑过去。

四个问题，都没有标准答案。但在灾难面前，追问本身就是一种责任。

泼妇骂街出真相，流氓砸场中要害

2020 年 2 月 2 日

自 1 月 23 日武汉因新型冠状病毒肺炎首度封城，已经整整十天。中国正经历着人类历史上前所未有的一场重大疫情危机：染病者在呼号，贫弱者在挣扎，老板们在打颤，医护们在血战，官员们一身冷汗。

在这场全国人民与新冠病毒之间的殊死搏斗中，从线上的宣泄，到墙上的横幅，完全再现了 20 世纪 80 年代之前中国社会特有的场景：泼妇骂街、流氓砸场。

我梳理了一下，大致有这样十锤：

第一锤：质疑武汉政府瞒报疫情。一月份的前二十天，武汉市断断续续发布不明原因肺炎病例，新增病例时有时无，而民间患病群体怨声载道。21 日起的短短 48 小时之内，钟南山院士宣布病毒人传人，武汉市政府从公开疫情发展到决策封城。

第二锤：质疑非法买卖野生动物。华南海鲜市场原本是海鲜水产交易，而事实上长期存在公开化的非法野生动物买卖。疫情公开后遭到全民网络讨伐。后经多家媒体披露，官方发声禁止野生动物交易，事件告一段落，但并未追究处理。

第三锤：质疑湖北与武汉领导失职。湖北省省长在疫情发布会上针对口罩产能三易其口：先说年产各类口罩"108 亿只"，收到纸条后改口"18 亿只"，随后再度更正"108 万只，单位错了"。同场武汉市长表示可以给自己的表现打 80 分，激起众怒。后来省长鞠躬致歉，市长表示愿意革职谢罪，方才平息。

第四锤：究竟有多少人离开武汉。从每天两三万人离开武汉，到市长正式承认封城前已有 500 万人离开、城内尚留 900 万人，社会一片哗然。随之全国疫情管控升级，各地接连启动一级响应。

第五锤：被武汉公安认定造谣的 8 人罪在哪里。事情追溯到 1 月 1 日，武汉公安通报了 8 人因在网络散布"类似 SARS 病毒不明肺炎人传人"的不实信息而遭到处罚。随着疫情完全公开，舆论一边倒地向这八人致敬。后经最高法对武汉谣言进行解释，当事人向媒体要求大事化小，事件方告结束。

第六锤：黄冈市疫情为何严重不可控。随着黄冈感染人数持续增多，中央疫情督查组前往了解情况。黄冈市卫健委主任唐志红在医院住院数量、床位数量、管控措施方面含糊其词。网络标题《黄冈告急！当地卫健委主任却"一问三不知"》发布后，当天晚上唐志红即被火速免职。

第七锤：新冠病毒论文先于公开疫情发表于国外期刊。有网友搜出 1 月 29 日发表于《柳叶刀》的一篇回顾性研究文章，记录了武汉金银潭医院在 1 月 1 日至 20 日期间收治的 99 名感染者情况。讨伐国家疾控中心团队"重论文、轻防控"的声音大噪，后经官方解释逐渐平息。

第八锤：民营企业活不下去了怎么办。停工停产、万城空巷，对餐饮、服务、旅游、制造业造成近乎毁灭性的打击。上海率先发布居家上班亦须发双倍工资的政策，引发中小企业主众怒。2 月 1 日，人民银行等五部门印发通知，允许受疫情影响的企业对到期难还款项申请展期或续贷，稍作缓解。

第九锤：捐赠物资在武汉红十字会遭截留、分发不公。主要矛盾有三：账上趴着几个亿、库里堆着大量物资，医护人员却无法及时领到；山东寿光捐赠的 350 吨蔬菜被送到超市变卖；收治病人最多的协和医院只领到少量物资，而部分民营医院却大量领用。红十字会解释"有权收、无权发"，引发更大民愤。31 日，武汉市委书记马国强在接受白岩松采访时承诺，红十字会将每三天公示一次捐赠物资明细及去向。

第十锤：双黄连口服液半夜脱销。《人民日报》与新华社同步发布双黄连口服液可抑制新冠病毒的消息后，随即遭到网民一片咒骂。关于抗生素、中药对病毒无效、需靠提高免疫力来增强抵抗力的科普文章大量传播。中国科学院上海药物所随后在采访中承认，相关结论仅是初步可能，不可作为预防手段。

以上说的是线上。线下，在广大乡镇，人们也看到了"今年过年串门，明年过年上坟"一类的横幅标语，看到了武汉返乡者被封门、被掀桌，流落街头。

在一场疫情面前，我嗅到了阶级斗争的味道。而我们分明已经活在了 2020 年这个科技日新月异的时代。

这十锤打下来，每一锤都打中了真实的要害。骂街者未必理性，砸场者未必无辜，但他们所指向的问题，一个都没有错。

活着，更好地活着

2020 年 2 月 5 日

大年初四的航班上，一个回武汉过年的留学生几经周转，离开被封的城市，回到了美国的学校。到达当天，他出现发热症状，被确诊为新型冠状病毒肺炎。幸运的是，他获得了人道与高效的治疗，很快痊愈。

温州市市长在接受采访时说，大约有 3.3 万人在春节前后从武汉及周边返回温州过年，使温州成为湖北省之外疫情最严重的地区之一。同时，数百名确诊与疑似病例均获得了精心的隔离治疗，基本没有出现死亡。

由于各种各样的原因，数百万武汉人、湖北人行走在家乡之外。他们中间因病毒过了潜伏期而发病住院的，相比那些留在武汉、因医疗资源紧张而得不到及时确诊和收治的人，不知道要幸运多少。

人类的命运从来都是不公的，因为生存所需的环境资源总是有限的。当武汉集中暴发疫情时，有限的医疗资源不可能满足所有病患的救治需求，很多人只能在家里静静地等待着。

如果是我，我也一定想能够到别处去。一来避免被感染；二来即便生病了也能得到治疗。这不需要辩解，这是人的本能。

活着，更好地活着，既是人性，也是所有生命的本能。

在动物栖息和觅食时，任何个体发现可疑的天敌，无论是否确定危险有多大，一定会发出特有的声音向同类预警，迅速逃生。面对天敌的危险，它们不需要向头领报告后再等待决策指令，也不会有同类去怪罪发出预警的那一个。

经过进化的人类为自己建立了有形的建筑屏障，以抵御天敌的侵袭，似乎再没有什么能来犯、能伤害人类群体。听从组织、服从制度的观念逐渐被固化。人们忽略了，自己还有着新冠病毒这样无形的天敌。一旦袭来，便是一场你死我活的战争，时间是何等重要，最早的受害者发出预警又是何等重要。

天敌已然来袭，唯有启动自救与逃生的本能。

然而那些对武汉人、湖北人的敌对行为，无论他们健康与否，一律拒绝、断路、谩骂，导致同胞流落街头。更有甚者，发动举报有奖活动，把同胞当成敌人去对待。

我不是反对隔离病毒，也不是支持病毒携带者去感染更多人。我要抨击的，是那些把武汉人、湖北人当成敌人的行为。

没有人不想让自己更好地活着，没有人希望自己携带病毒或走向死亡。

我们当中，已经有人开始失去这个最基本的判断：分不清敌人是病毒，还是人。

医生文亮，生命预警的"吹哨人"

2020 年 2 月 6 日

庚子年正月十三的晚上，
属于医生文亮，
让全社会的人们荡气回肠。
他那生命的灯光，
为更多的生命点亮。
签名与印章不曾彷徨，
腊月初九的训诫房，
定格了这位能明白事理的医生文亮。
病毒是来犯的天敌豺狼，
换作谁都该把预警的哨音吹响。
他不过是一个普通的眼科医生，
不曾想着名垂青史，
只是在那个腊月的夜晚，
对朋友说了一句真话。
诸君莫要记恨悲怆，
医生文亮的心愿很简单，
只是想让人们，
早一点知道危险来了。

军人打赢病毒战争，平民冒着炮火要钱

2020 年 2 月 9 日

战争有很多种，但共同点是要与敌人做殊死的搏斗，为生命而战。

我们正处于一场战争中。敌人是新冠肺炎病毒，在防不胜防的、肉眼看不见的暗处，呈铺天盖地席卷而来之势。总作战司令部已经下达了歼灭敌人的军令。

战事如何？

不知道敌人来自何方，但极为重要的是，敌人已经扑进了人群，展开贴身的肉搏战、巷道战。

战情如何？

敌人在最长 14 天的潜伏期内，我方完全无法发现。待发现之时，敌人已寄生于伤员体内，无法直接消灭——只能通过药物、氧气、营养等手段提高伤员的生理机能，让敌人逐渐消失。

敌人具有强大的再生、裂变与传播能力，但在无法接触到人体细胞的情况下，数日之内便会无法存活。

战况如何？

我方伤员较前天增加约 8%（确诊总数 37287 人），死亡较前天增加约 12%（死亡总数 813 人），死亡人员几乎全部是手无寸铁的平民百姓。

我方战士均为医护人员，部分专业、部分非专业，大部分已持续日夜战斗二十天。枪弹武器——也就是医疗物资——基本用尽，依赖后方紧张生产、艰难供应维持。

战术如何？

按照多年研究病毒、领导医护的作战指挥官——钟南山、张宏文等人——的指挥：一方面调集全部兵力歼灭已发现的敌人；另一方面要求所有伤员及健康人群停止流动十四天，把敌人饿死、闷死。

战略有利因素？

总作战司令部已下达决定，按照作战指挥官的战术，全国统一行动。

战略不利因素？

各战区百姓意见不一：

意见一：钱比命重要。尽管家里不缺穿、不缺吃、不缺房、不缺车，但是缺钱，不能挣钱则活着没有意义。

意见二：从遇到敌人的风险概率上说，目前还是比较低的，大概率会被别人遇到，与自己无关。

意见三：万一遇到了呢？那是命中注定，而且军人们必须救我、不救我就是失职。万一死了？那是阎王叫我三更死，绝不留我到天明。

已经有一些战区充分尊重上述三条意见——生命有价、挣钱第一，明知扑上去就是叠加风险，仍然冒着敌人的炮火，前进、前进、前进。

如何打赢这场战争？

熟悉敌人强项与弱点，兵强马壮、粮草充足，制定缜密战术，统一指挥、绝对服从，从而一举歼灭敌人。这就是知己知彼，百战不殆。

最后的总结：

战争就是战争，是否恐慌都不重要，舆论更不可以指挥战争，以最短的时间取得决定性胜利才最重要。

当前，大量医护人员已经在战场上连续作战，战士不足、子弹缺乏、粮草紧张、伤亡过重。这就是当下的战争现状。

是要抢抓战机，用最短时间赢得全面胜利，在和平的春风里恢复经济？还是要贻误战机，与敌人开展耗时耗力、劳民伤财的持久战，在心惊胆战的侥幸中艰难支撑？

答案只有一个，但执行它需要所有人。

还让我怎么相信一切？

2020年2月14日

读了三则故事。

一则关于妖魔。

有一个画面大家都熟悉，是孙悟空为不能识别妖魔的弱者划定一个"道高一丈"的圈子，只要不离开，妖魔就无法侵害。一旦离开，就只有依靠孙悟空去解救，但是孙悟空只有一个，力量太有限了。最好的办法是，弱者都在圈子里自保，孙悟空把妖魔除尽，一切太平。

一则关于募捐。

说的是一个沙漠国家，尽管下雨天较少，却因为紫外线、风沙，一直就有雨伞的生产、供应和使用需求。不曾想的是，有一年突然遇到了持续的雨水，雨伞成了人们出行的必需。突如其来的雨伞需求，有人产生了恐慌。生产厂家想多挣些钱，抬高价格，政府就控制了厂家的生产和销售渠道，统一调度。一些有钱人善心大发，通过各种渠道集中采购雨伞，捐赠给学生、老人和他们认为的弱者。不知道为什么，市场上没有了雨伞。没有雨伞的群体开始各种求助，慈善的有钱人们也各种不惜代价抢购，显现他们的善心。一切都乱了，只有雨，在一直下。

一则关于灾难。

古时候有一个非常勤劳善良的族群，他们在结束了战乱之后又过上了40年风调雨顺的生活。七成以上的人都不再种地，改做了生意。感觉上，有三成不到的人种地就能够保证余粮满足所有人的生存到下个收获季节，而且有其他族群的人愿意以更低价格供应粮食过来，持续了快20年了。生意人欢声笑语、无所不能。突然在一个刚刚经历了干旱的暖冬，一种从未见过的吸血虫寄生到了族群部分人的身上，吸血虫繁殖速度极快，能够不知不觉进入口鼻，致人短时间内死亡。族群引发了恐慌，首领和神父让人们戴上了面罩，不要出门。

首领和神父为了稳定，告诉人们：最多一个月，吸血虫就会因为没有人血而全部饿死，我们的余粮是充足的，大家不要恐慌，要相信团结的力量。

只有一个村庄，听了一个读书人的话，每家每户备足了一年的口粮，家前屋后的空地种上了蔬菜。

一切都在继续，首领和神父带着郎中和当差与吸血虫斗争，人们在家里等待。只是，情况虽然变好，但并没有想象得好，吸血虫跟着风沙四下传播，人们稍不注意就会沾染。驱逐的时日只能延长，更多的人依旧听取建议，戴面罩不出门，粮菜的价格虽然在涨，也宁愿相信只是暂时。不曾想的是，一个多月过去了，开始没日没夜地下雨，虽然没有山洪暴发，却让生活供应产生了极度困难，地里的庄稼在枯黄。而其他族群也遭遇了困难，粮食不愿意继续交易。后来，可想而知，除了那个读书人的村庄好好活了下来，更多的人死去或贫病交加。

故事的末尾说，人们在遇到灾难时，可以去设想一定能够战胜，但是更要防止其他天灾人祸的再度到来。灾难不可怕，叠加的灾难绝对可怕，根本没有任何人可以自信——在一场灾难之中，不会有另一场灾难。

这是一个网络与交友的社会。喜欢把碎片化信息汇总的人，或许会杞人忧天，也许我就是。大概是去年 6 月份之后，我总莫名其妙地感觉要发生什么大事，常常会在朋友圈发感慨或牢骚。

原因是——华为的孟晚舟女士在加拿大被扣押了。

英国脱欧党创始人法拉奇亲口对我说，贸易战的核心问题是知识产权，体制的核心问题是允许反对意见，金融的核心问题是市场被操控，后来的一切都在如他说的方向发生着。

香港，惨不忍睹，让我们心痛。

台湾，关闭了自由行。

监狱已经变成了贪污腐败的归宿，不再是强奸偷盗的改造场。

在人身上点火治病却买了私人飞机[3]的倒下了，覆盖在公交车上的鸿茅药酒[4]被人们一次又一次涂抹得肮脏。

---

[3] 权健传销案，2018 年底由丁香医生发文揭露权健涉嫌传销与虚假宣传，经官方立案调查，最终权健公司被判罚金 1 亿、创始人束昱辉获刑九年，该案中权健以直销牌照为掩护，长期通过“拉人头”发展层级传销，夸大火疗、保健品功效坑害消费者，最终整个商业帝国彻底崩塌。

[4] 鸿茅药酒事件：广州医生谭秦东 2017 年底发文质疑该广告违法 2630 次、常年在公交、电视等渠道铺放夸大功效广告的非处方药，随后被鸿茅药酒报案后遭内蒙古警方跨省抓捕，此事引发舆论哗然，最终在高压关注下谭秦东被取保候审，国家药监局也启动了对鸿茅药酒处方药转化的论证与广告监管整顿。

公司在成立十八年庆[5]的秋天里，我带着员工去享有《醉翁亭记》声誉的琅琊山，竟然满目干枯与焦黄，本该天高云淡的乡野却是落叶萧瑟。

猪肉的价格破天荒翻了 5 倍之多。

一万年没有改变过的爱情故事，被至高无上的婚姻围城里的人丑化和传颂。"爱情是得到与否，是限定的条件。"

电影《厉害了，我的国》在狂热的飙泪中票房暴涨，一如学习强国的热度[6]。

一道道千言万语的清欠、保就业、保小微等各种政令铺天盖地传阅。吊诡的是，有人打开市长信箱，却无法真正上传成功那条被工程款拖欠的投诉。

网络上每天都充斥着 P2P 倒了、死了的消息，有小老板坐牢或被围困，又有身边人的朋友创业失败自杀了，也有离婚的数量接近结婚的数量了。

大数据、大智慧、云计算，早已经把纳米、微米、大米（粮食）打得满地找牙。

那些要钱不顾命的货车司机们使了劲曝光 ETC 收费[7]，沸沸扬扬好不热闹。

美国人发射一枚导弹，在伊拉克的机场，精准打击了伊朗大多数支持政权者的偶像[8]。

---

[5] 作者最初创业注册公司于 2001 年 11 月，十八年庆时是 2019 年。

[6] “学习强国”是一个政治学习平台，各级党政实施考核式强制学习。

[7] 货车 ETC 收费乱象曝光集中在 2020 年 1 月 1 日全国高速取消省界收费站，正式启用全网 ETC 联网收费、货车统一按轴型收费，替代原计重收费模式，由于系统上线故障频发，大量问题集中暴露：天价收费与费用混乱；分段乱扣费引发恐慌；收费不透明；套路办理 ETC 卡问题凸显。

[8] 2020 年 1 月 3 日，美国总统特朗普下令，美军在伊拉克巴格达国际机场附近发

除了大多数民企老板在夹缝中、在西北风中奔走，更多的人沉浸到了新年的B站、烟花、发财的喜悦中……

突然间，一种新的传染人、致人命的病毒物种，紧跟着那新的吞噬粮食的物种（草地贪夜蛾）[9]，席卷而来了。

沿街的花蕾，就要开放了，那是它们的权利。

一声惊雷，炸得我起身望外。

淫雨霏霏，天空与大地没有一点颜色，都是灰蒙蒙的。

一切计划都被打乱了，还让我怎么相信一切？

动无人机空袭，成功击杀伊朗伊斯兰革命卫队“圣城旅”指挥官卡西姆·苏莱曼尼少将及伊拉克民兵组织领导人。

[9] 草地贪夜蛾是一种重大农业害虫，2020年前后在中国及全球多地大规模暴发与迁飞。在中国，由于前期越冬基数大且春季气温偏高，虫害呈严重态势，波及全国22个省份，见虫面积超过千万亩，严重威胁了玉米等粮食作物的安全。

揪心！孩子自杀在义务教育的权利中

2020 年 3 月 1 日

3 月 1 日 21:15，中国网发布一条消息：河南一贫困户女儿因无法在家上网课，吞药物自杀。

瞬间，又被一块石头，压在了心口。

2 月 29 日上午，邓州市，初三年级的李某敏，父亲左腿残疾靠补鞋谋生，母亲患精神病无劳动能力，因姐弟三人依靠父亲东凑西借买来的一部手机上网课，无法兼顾学习而遭老师和同学质疑，吞下大量母亲治疗精神疾病的药物，生命垂危，在医院抢救中。

什么概念？

截至当前年份，《中华人民共和国义务教育法》实施时间已经 34 年了。其中第五条规定：依法实施义务教育的学校应当按照规定标准完成教育教学任务，保证教育教学质量。

什么时代？

其一，精准扶贫整整实施了 6 年，今年是我国全面脱贫的最后一年。

其二，2 月 20 日河南省发布《2020 年河南省重点建设项目名单》，共列项目 980 个，总投资 3.3 万亿元，2020 年计划完成投资 8372 亿元。

这两组数字摆在一起，不需要任何评论。

想质疑的是各地的教育局、学校：当你们在疫情期间提出上网课的要求时，你们是否应该先调查，义务教育中的孩子们是否具备上网课的基本条件？当你们质疑孩子的学习任务完成情况时，你们又是否考虑到，他们稚嫩的心灵在承受着什么？

孩子，希望你能够好好地活下去。你应该有好运。是我们大人，是我们这个社会愧对了你，没有把法律赋予你的权利和尊严告诉你，没有让你知道，你是可以去捍卫的。

这篇短评，我无力再写下去。

3 天前，河南洛宁的一个 14 岁女中学生，因为父亲没有更多的钱让她使用网络流量上网课，她只能在寒风中搬张桌子到村支部去"蹭网"。现代版"凿壁偷光"，让人揪心。那些有能力的人，那些愿意做慈善的人，怎么样才能帮得上这样的孩子？这样的捐赠，比起破坏经济秩序的施舍，才是真正的慈善。

"南京发布"的12天54篇，真实的南京抗疫

2021年7月31日

最近几天，南京禄口机场疫情的传播，导致网络上出现各种对南京的不友好词语，甚至有抨击。大多是认为政府领导防疫不力，如何如何能力薄弱，如何如何影响了全国。

这样的悲愤情绪可以理解，毕竟瞬间打乱了很多人的快乐暑期旅行计划，也打断了更多人对疫情完全消失的心理预期。而事实上，在发达的交通与经济全球化的今天，即使彻底关上任何一个城市、任何一个国家的大门，已经处于大流行状态的病毒，一直就在每一个人的身边，威胁着每一个人。

让我们看看，"南京发布"（南京市委、市政府新媒体平台）及其同步的行动措施，究竟是怎么做的。

7月20日晚间，发布《关于南京禄口国际机场发生新冠病毒检出阳性情况的通报》，内容给出明确结果：检测阳性9份，同步向有关省、市发出协查通报。

7月21日上午，发布《南京市新型冠状病毒肺炎疫情防控工作指挥部关于进一步强化疫情防控工作的通告（第1号）》，当天随即紧急发出了第2号、第3号通告，以及另外3条疫情情况及相关部署的通报。那一天，涉及疫情官方通报共6篇，江宁区迅即完成了全员核酸检测，全市全员核酸检测同步启动。

7 月 22 日，发布 6 篇相关通告，其中包括《致全市共产党员的倡议书》《学会倾听群众的声音》《致全市广大志愿者的倡议书》，进一步实施科学、合理、适宜的防控措施，在行动上公开透明。

7 月 23 日，以《你们辛苦了！南京感谢你们！》为开篇，以《党员，到！》为收尾，当天发布 6 篇防疫通报。事实上，当天已经开始将健康码"红、黄、绿"细化到人。

7 月 24 日，发布 5 篇疫情通告。南京市委常委会决定适时开展第二轮全员核酸检测，决定在全市各高速公路及市域边界离宁通道共设立 68 处"离宁查验点"，当天为所有"黄码"人员提供定点核酸检测服务。

7 月 25 日，又是 6 篇疫情通告，其中《镜头下的南京城》向全社会公开了全城全员核酸检测场景，当天所有"黄码"人员按规定间隔 24 小时进行第二次定点核酸检测。

7 月 26 日，《南京市委、市政府：清醒认识严峻形势，坚决采取果断措施，科学规范有序有效遏制疫情扩散外溢》等 5 篇通报，掀开了以"科学、规范、有序"为指导的疫情防控新阶段。部分"黄码"健康申报人员在确认符合转码条件的情况下，及时转为"绿码"，全市市民有条不紊地维持生产生活。

7 月 27 日，5 篇通报，部分区域风险等级适时调整，第 7 号通告重点明确了江宁区禄口街道围合区域加强管控措施。当天新增确诊病例达到 47 例，是此轮疫情的峰值。

7 月 28 日，4 篇通报，其中《致敬！镜头下的他们！》让全社会看到了"天使白""红马甲""藏青蓝"。全城人民接到《关于开展第三轮全市全员核酸检测的通告（第 8 号）》，越来越多志愿者加入抗疫队伍。

7 月 29 日，5 篇通报。新闻发布会上，记者们应问尽问，台上的工作者们迅速明确作答，给疫情信息的真实性注入强心剂。全体市民在彼此的信任和配合之中，在高温天气下，完成了第三轮全员核酸检测。

7 月 30 日，3 篇通报。最令人欣慰的是，新增确诊病例显著下降至 13 例。

7 月 31 日，已发布 2 篇通报。更加令人欣慰的是，新增确诊病例递减态势持续，降至个位数——6 例。

你没有看错，这就是南京，众志成城的南京。在必须面对疫情常态化的期间，南京始终做到了疫情防控与经济发展两手抓；在疫情实际发生并传播期间，南京随即开展了全民抗疫、科学抗疫工作。

我身为南京人民的一员，同样可以真实地向中国、向世界传达这份"南京抗疫"纪实：科学部署，公开透明，快速行动，胜局已定。

2 千万小老板、6 亿农民、7 亿工薪的疫情命运

2021 年 8 月 11 日

编者按：　本文写于 2021 年 8 月，正值 Delta 变异株在全国多地暴发，国内围绕"动态清零"与"与病毒共存"的路线之争公开化。原卫生部部长高强、公共卫生专家缪晓辉等人联合对张文宏发起舆论攻击，指其"与病毒和谐共处"的观点有误导之嫌。作者在此背景下，以国情为出发点，独立提出了自己的判断。此后 2022 年底中国政策急转弯，历史以另一种方式给出了回答。

开篇声明：　文章中的社会底层，不包括"办到过开矿证、接手过改制国企、领到过拆迁的几套房产证、靠关系进入体制、倒手过紧俏商品、消费过弱势群体……"这类人。文章所指的小老板、农民、工薪阶层，是真正意义上的普通劳动者。

要说近期的网络舆情，教育培训和网络游戏行业的"瓜"[10]、吴亦凡的"瓜"[11]、上海电气的"瓜"[12]、阿里员工的"瓜"[13]等等，对

---

[10] 教育培训和网络游戏行业的"瓜"：2021 年 7 月，中共中央办公厅、国务院办公厅印发《关于进一步减轻义务教育阶段学生作业负担和校外培训负担的意见》（即"双减"政策），要求学科类培训机构一律不得上市融资，现有学科类培训机构统一登记为非营利性机构。同期，国家新闻出版署发布通知，严格限制未成年人网络游戏时间，规定未成年人每周游戏时间不得超过 3 小时。两项政策同步落地，资本市场哗然，教培行业和游戏行业股价大幅跳水，社会舆论沸腾。

[11] 吴亦凡的"瓜"：2021 年 7 月，网红博主都美竹在社交媒体公开指控中国籍加拿大裔男艺人吴亦凡（Kris Wu）涉嫌以"选女友"为由诱骗、性侵多名女性。事件迅速引发全网关注，随后吴亦凡被北京警方以涉嫌强奸罪刑事拘留，2022 年被判处有期徒刑 13 年，并驱逐出境。

[12] 上海电气的"瓜"：2021 年，上海电气集团股份有限公司披露，其控股子公司上

市井百姓而言，都只不过是街头巷尾的茶余饭后罢了。真正让每个人关心的"瓜"，当数在 Delta 病毒暴发之后的异常紧张疫情形势下，先有张宏文教授温文尔雅、不紧不慢地提出"要坚持与病毒长期共处"；再有原卫生部高强部长怒发冲冠、居高临下地发声"痛批张教授与病毒和谐共处歪论！不能误导并为防控不力的地区和责任人背锅"；又有原上海长征医院副院长缪晓辉以公知的口吻辩论"我看张文宏没有那么大本事和影响力，必须考虑国外华人与国内亲人的关系如何连接，长期隔绝带来的政治、经济和人性弱点大暴露的严重后果"。

毕竟，谁都不想沾上狰狞恐怖的 Delta 病毒，不因为谁贫谁富、命贱命贵。就像楼道里一位保安大哥教育我的："必须小心！病毒在两米远的距离就能把你干掉！"

疫情防控当何去何从？我以为，能上热点、能上头条、能上官媒的，都是人物，站位之处应是城市的山水景致边上的或高楼或院落，有懂医学的、有懂技术的，有懂政治的，有懂经济的，还有懂国际关系的。医学就那么多道理，即便是真理，也不怕辨不出是非清楚。

可是，Delta 病毒疫情这个事，还真不能仅仅去讲医学、讲

海电气通讯技术有限公司因应收账款逾期，面临约 835 亿元人民币的重大风险敞口。事件引发市场对国有上市公司内部管理、信息披露及子公司风险管控的广泛质疑，公司股价大幅下跌，多名高管被调查。

[13] 阿里员工的"瓜"：2021 年 8 月，阿里巴巴一名女性员工在内网发文，实名举报其直属上级及阿里巴巴中国零售事业群总裁在出差途中对其实施性侵。文章迅速在网络扩散，引发社会对职场性骚扰、企业文化及权力关系的强烈讨论。阿里巴巴随后宣布解除涉事员工及相关高管职务，但其内部处理方式及公司文化同样遭到舆论批评。

技术、讲政治、讲经济、讲关系，得讲国情。我们的国情是什么？是 2000 万小老板、6 亿农民、7 亿工薪。什么概念？讲出来可能会有人吃惊：粗略估计，他们当中至少有 8 亿人处于文盲或接近文盲的水平。

就我的人生经历，1981 年中国人口突破 10 亿那会儿，绝大部分住在农村的农民没有上过学，少量的农民靠着临时的夜校简单认识几个字。1986 年普及义务教育之前，学龄儿童或已经成年的农村人，"连名字都不会写"是普遍现象。

我想讲的是，我们不要因为小康生活、月薪几千，更有年入几十万的表象而盲目自信、忘乎所以。我们还只是发展中国家，我们整个社会的经济、教育、卫生、农业等水平还比较薄弱。2000 万的小老板要依靠借贷负债维持经营，6 亿农民要依靠省吃俭用维持生活，7 亿工薪阶层要依靠固化的工资支撑房贷、车贷、应对高物价。每每到春秋季节感冒流行，医院里就是排长队人满为患。请允许我把这大概 13.2 亿人的群体称作"社会底层"——他们其实也有需求、有声音，只是他们处于社会底层。

很难想象，任由 Delta 病毒疫情暴发，社会底层还如何生活、生产，社会上层又拿什么样的力量去应对庞大的社会底层群体？不是开玩笑说说，是要死人的，要死很多人的，甚至于真的"稻草能压死骆驼"。可以直接地说，社会底层没有能力、更不具备认知水平，去科学防疫，去渡过难关。武汉的疫情，石家庄的疫情，扬州的疫情，其所处的群体特征，其发展的严峻程度，就是印证。

我的观点是，在现状的国情之下，我们只能"封控""隔离""关门"消灭并远离病毒，绝不能"放开""共处"病毒。前者的代价，会在一定时间和程度上影响经济，所谓的"没钱了会要命"——但事实是，没有了病毒一定可以带来全面有序的生产生活，2020年下半年和2021年上半年就是明证。后者若失控，最受冲击的恰恰是社会底层的最大多数，而非上层的少数群体。

我尊重张宏文的医学，我也尊重钟南山的技术，我更尊重高强的政治判断、缪晓辉的公共论述。我知道欧美一些国家在与病毒共处时选择了放开，但大家都要相信科学。科学不是一成不变的，科学要在不同的时间和空间环境里去适应变化、去发现真理。不同的国情，就有不同的科学答案。

萧条的浦东国际机场，青年们前往美国

2021 年 8 月 16 日

下了整整三天的霏霏细雨，"立秋后十八天地火"的节气里，压下了浦东国际机场曾经火热繁忙的景象。

冷清的机场，并没有因为半天里仅有的国泰航空 CX363、CX367、CX369 经停香港飞往美国的三个航班，而让人去怀疑这里曾经和将来是世界的中心。

大概是工作人员不适应疫情期间偶尔发生的留学生出国情况，一篇帖子《上海浦东机场赴美留学航班排千米长队，中美航线爆发》竟然出其不意地在朋友圈、微信群大量流转。却不是萧条的国际机场运营困难被报道，有朋友笑说："至少还是浦东国际'货运'机场罢！"每天需要多少开销去维持，不得而知。

为了验证中美航班是否真的爆发，我特意在网上查看了近两天的机票——仅有的三个航班都在降价，降到两万元左右，以至于我后悔机票买得太早，多花了一万多人民币。

实际情况是，仅有的三个航班分时段井然有序地排着长队，没有更多的欢声笑语。青年们前往美国的决心，索性装进沉沉的行李箱，压向了传送带。

在略显沉重且坚决的心情之下，刚刚成年、还似懂非懂“大学与社会”的儿子，在进入安检口之前抱着我流下了眼泪。

求学路漫漫，此行更珍贵。

我鼓励他，要坚信当下的中美关系只是"夫妻之间相互给予冷暴力"。

要知道，好好过日子的道理一定是：他种得出好荠菜，你磨得出好白面，咱包得出好水饺，一起美滋滋地吃。

疫情之下，专家与科学家的区别

2022 年 3 月 14 日

编者按： 本文写于 2022 年 3 月，正值奥密克戎变异株在全球大范围传播，中国仍坚持"动态清零"政策期间。作者彼时对封控政策的质疑，与此后 2022 年底中国突然全面放开的政策转向形成了历史呼应。保留此文，是保留那个时刻一个观察者真实的判断与困惑。

坚持努力了两年多，沿用 100 年前抗击人间瘟疫的方式，封控、封控、再封控，换来的却是铁一样的无情事实：疫情卷土重来。

不是冬天，也不是倒春寒，而是面对过去的瘟疫，沿用过去的方法，开历史倒车的感觉。

全球很多国家在现代科技、经济与开放交流的面前，保持了积极探索新的科学抗疫方法的态度，边探索、边调整，直至自然而然地找到了与病毒共处的出路。

当前，崩溃的不是病毒，而是人心。

在崩溃的人心面前，专家多如牛毛，科学家寥寥无几。专家服务于经济利益组织，科学家服务于人与社会——本质与使命的不同，决定了在大灾大难之时，我们更需要的是科学家用科学解决问题，而不是专家用利益权衡问题。

病毒清零与更多身心病痛如何取舍?

2022 年 3 月 16 日

在人类历史的早期，瘟疫横行时，每次大流行均历数年或半个世纪。而今，病毒疫情暴发至全球已经 2 年 3 个月之久。

之前有中美贸易战、江淮大旱，直至李克强总理于 2019 年已亥年末力主"解"就业危机于旦夕；当前正值乌克兰遭战火肆虐，引发世界多国参与战争或冲突。

前有环境恶化，导致人们身体患病；后有大国对抗、病毒变异、战火肆虐，致使经济下行，让人们心灵受痛。幸好 14 亿中国人民有着改革开放 40 余年不遗余力养精蓄锐的成果，坚实的工业与物质基础支撑着我们尚能丰衣足食，以"尚有老本可吃"的心态安居乐业。

然而，经济下行催生人们的各种身心病痛，其数量和影响力，已经远远超过病毒感染本身。面对封控、再封控、动态清零，两年多以来，疫情让各级政府、各类人群防不胜防，病毒再次卷土重来，暴发之势迅猛。病毒几乎无孔不入，稍有封控闪失，就会让穷尽努力上升的官位跌落。此情此景的社会与政治生态之下，官员们研究政策措施变本加厉、层层加码，病毒流调、封控到了"宁可错查千人，不可放过一个"的地步。

只需守住病毒清零这一指令，其他一切工作放一放。

于是，更多没有被病毒感染的各类患病弱者"难医难药"成为常态；于是，更多没有被病毒感染的各类健康人"闭门面壁"

成为常态；于是，更多没有被病毒感染的各类民企老板"入不敷出"成为常态；于是，在核酸检测报告等于"良民通行证"的时期，人们不是在做核酸检测，就是在去做核酸检测的路上——成为常态。

网上流传一个帖子这样说：他山之石，可以攻玉。在全球很多国家，面对现代科技、经济交流与开放的现状，放弃了古老传统的封锁瘟疫区域的方法，采取了积极、创新、科学的抗疫方法进行探索，边探索、边调整，直至自然而然地让病毒变成一种可以应对的"疾病"。在这样的过程中，不会因新增的病毒之患，使其他各类身心病痛雪上加霜。

尤其是，不能让民企老板们集体倒下。民企老板在苦苦支撑维系，守法保薪，爱国顾家，一旦持续没有订单、没有收入，终将倒下。民企老板的集体倒下，注定会引发失业群体的几何数量级增长，进而引发巨大的社会不稳定问题。这绝不是危言耸听，也绝不能发生更多骇人听闻的事件。

一个现象值得长期关注：各级政府在 GDP 和公共基础建设考核之下，长期以企业缴纳的税收多少作为衡量民营企业好坏的唯一指标。尽管国家高层非常重视民营企业对就业的贡献，那些让更多人就业、让更多人安居乐业的民企老板，假如上交的税收并不靠前，往往并不会被政府官员重视，也不会被银行认可其信用，他们在社会中的代名词，可能会成为"唯利是图的商人"。

要想解救民企老板于水深火热，不能一味依靠给他们发放政策性补贴，更不能只是依靠给他们减税降费。更重要的是，要给他们构建一个"社会价值指数"，把就业、投资、产业链、可持续创新等多项指标，摆放到"交多少税"同等重要的位置，放大他们的价值和信用，让他们的无形资产和固定资产同样都能具有"变现"的想象力和盘活空间。

综上所见，在病毒清零政策措施之下，还有远远超过病毒感染本身的更多身心病痛需要减轻。两者之间，应当认真思考如何取舍。

绝不能让民企老板集体倒下。

究竟想干什么？

2022 年 4 月 3 日

颈椎和腰椎间盘病症发作，疲累的身躯强忍着疼痛，寻遍上千万人口城市的半个街区，我也还是只能疲累地返回。不要说医院难进，不要说诊所关门，就连路边的盲人推拿小店也全部贴着"停止营业"。

看病难，买药难。据说，除非不幸感染了病毒，或许能够有幸获得及时的救治。否则，只能在病痛中煎熬。更多非肉身的失去收入、失去自由、失去愿望的心灵创伤，则更加受折磨。

撒泼的，斗殴的，歇斯底里的，自尽的……

不得不说，过去一百年的中国人民是伟大的，至少是不怕死的。五四运动，二万五千里长征，中原大饥荒，抗日战争，三大战役，朝鲜战场，十年浩劫，只生一个，上交提留，拆房卖地……用无数的人肉和鲜血，换取了科学技术日新月异发展的四十年。

今天的生活，无论是还是不是科学技术的作用和贡献，已经付出的无数奋斗和鲜血的代价，是值得思考的。

我们必须清醒地认识到，是科学技术对生产力的巨大作用，让更多的人类有了吃饱、穿暖、住好的保障。在 20 世纪六七十年代的中国，农业学大寨，工业学大庆，奔向"四个现代化"，标语随处可见。科学技术也理应让全人类共同拥抱，遗憾的是，在今天的世界，仍然有孩子在专政的国家不能上学，仍然有众生在落后的国家以个体小农模式耕种。

我们必须清醒地认识到，病毒不是真正意义上战争中的敌人，当下的病毒更不是百年之前那个村落聚居时代置人死地的"黑死病、鼠疫"。就单一被病毒感染而言，不过是可以防范、可以自愈或治愈的一种疾病，或轻或重。至于影响人们身心健康的病痛，病毒仅仅是其中一种，新出现的一种，而已。同样，天花、结核、艾滋、癌症，也都曾经是新出现的病种，继而被人们承受、抵御，最终与之共处。

科学技术发展到今天，我们还一定要用"不怕死"的代价去换取什么吗？

医学进步的今天，通过检查措施提前预知身体健康状态，本来无可厚非，也已经被人们自觉地用于体检消费。不曾想到的是，潜在疾病检查的措施，却在病毒流行的时期，被当成控制所有健康人群活动的手段。即便一而再、再而三地证明了一个人是健康的，依旧活动受限，依旧要被当成怀疑可能感染病毒的对象，三番四次地接受检查。

技术手段上，已经能够精准地排查出与病毒感染者接触的数据，完全可以通过数据去管控疑似感染者，却偏要全民全范围地"宁可错千万"。

很多人都很清楚，是一种什么样的力量在进行着如此史无前例的一场人与社会的封控。证明了健康的人，活动受限，物流中断，停工停产，坐吃山空，煎熬折磨，无限美好的春光也并不能够让人从窒息、压抑的情绪中释放。

只要继续坚持"一声令下，一刀切"，所有人都必须放弃幻想，都要坚信最坏的状态一定会到来，一定会成为历史。

农民、工人、学生、无产阶级，历史上演过的事件或许不会再雷同再现。但是，失业之于社会——不仅仅是失去工作本身，还应包括那些被迫供养躺平者的群体——上升到一定规模，一定会显现出失业压力积聚所形成的巨大能量释放。

究竟想干什么？不得而知，让我们拭目以待。

已经活在疫情经济时代，放弃幻想

2022 年 4 月 5 日

编者按： 本文写于 2022 年 4 月，作者对私营经济三批倒闭的时间预判，以及对"破防"与"破心"两种可能性的判断，在此后数年间均有不同程度的历史印证。保留此文，是保留一个观察者在特殊时期对时代走向的真实推演。

我们讲一个"时代"，其特征是时间上有一个 10 年的周期。从前年甲子年起，到 2029 年，这 10 年属于 21 世纪 20 年代。这也将注定是独属于中国的"疫情经济时代"。

尽管不得不承认进入"疫情经济时代"是人类社会科学技术文明进步的一次悲壮，但我们必须也只能面对封控式防疫的现实。

小富即安、利欲熏心、大同巨婴、贫富固化、基薄厦大、一统秦汉，是当前社会具象化的六大特征，也决定了封控式防疫的必要性、可行性，以及决策者的自信与无奈。

破局的可能性肯定存在，历史每次的演变也都是不破不立。这里将会有两种可能性：

一是"破防"，也就是"动态清零"防疫失败，继而诱发面上的较大动荡。

二是"破心"，也就是彻底击破部分人渴望"自由散漫"的心，走到万众一心的路上，按照成功的封控式防疫模式进行社会治理。

两种"破"都客观存在并酝酿能量、积聚风险，但第二种更能赢得时间，换取可持续的发展空间。经过了反复的论证、复盘、再论证、再复盘，已经走上，也必定继续走第二种路线。

疫情经济时代，最悲惨的恐怕是私营经济，它们会分三批逐步倒闭：

第一批是生意商户，于 2022 年底前倒闭；

第二批是生产组织，于 2025 年底前倒闭；

第三批是寻租集团，于 2028 年底前倒闭。

为什么用这三个名词称呼不同的私营经济体，个中缘由暂不表述。

凡事没有绝对，私营经济体不会死光，在特定国情的特定阶段仍然会存在。比如蔬菜水果茶叶餐馆的小农坊、手工定制加工业类的买卖，能够长期存活。

私营经济体有欣欣向荣的可能性吗？当然是有的：

一是物极必反的可能性；

二是“西风”凌厉的可能性；

三是主动改革的可能性。

科学技术文明持续日新月异地发展，是要付出巨大代价的。在特有的国情之下，决策者还不具备这个自信。未来的一切都是趋势决定的，并非一成不变，但要趋势形成，目前的趋势决定了本文观点。

当然，本文观点仅仅是我的判断。站在中国社会的大周期大局，具有企业家精神和情怀的民企老板们要保持初心，以使命必达的情怀，无论成败。

最后，送给部分群体十六个字：放弃幻想，缩减为上，同心同德，男耕女织。

上海疫情的复盘

2022 年 4 月 6 日

尽管已经有过了武汉、西安、南京、深圳等千万级人口城市的疫情封控措施，超过 2500 万人口的国际一线金融中心城市上海进入"静态"生活与工作模式，仍然牵动着 14 亿人的神经。

有人算了一笔账，上海每天"静态"的经济损失约 100 亿元人民币。更严重的是，这些情况向全国疫情管理传导了焦虑、惶恐等情绪，进而导致政策走了样，经济砸了锅。

根据官方、权威专家发布的信息，以及疫情中的上海政府工作的朋友讲述，大概的真实情况是这样:

境外抵沪人员启用五星级酒店华亭宾馆作为隔离点，酒店的中央空调循环气流形成大量感染，各类人员与社会的密切接触导致社会面广泛传播。由于 Omicron 病毒感染绝大部分无症状或症状较轻，出于对经济巨大影响的考量，抱有一边"与病毒共存"、一边"精准流调"的侥幸心理，继而出现了数以万计的人群感染传播。

客观地讲，既可以定责于管理疏漏，也可以包容那些以利好经济为出发点且没有恶意坏心的做法，当然更可以上升到与"动态清零"在思想行动上不一致的高度。

在疫情防控的原则上，中央高层始终坚持"动态清零"的决心没有变，坚持最低代价也就是最小程度影响经济发展的原则也是一贯的。但是，上海这个级别的城市，在疫情信息发布方面，从溯源，到目标，再到督查组到达后是精准、还是封控，始终不透明、不连续。在以浦东和浦西错时"静态管理"的概念及行动实施之际，实际上就是一个连续 10 天以上的长周期"封城"，政府的公信力大打折扣，各种段子、情绪以铺天盖地之势在网络上刷屏。

没有准备好，没有持续公信的信息，官员、感染者、老百姓的情绪与焦虑，碎片化的争议、视频、小文，必然会增加社会治理与秩序的难度。

本来只是要打赢上海的疫情防控阻击战，再大代价也要实现社会面"动态清零"的目标，却给社会传导了"上海怎么了""在搞运动吗"这样的疑问。

更大的社会面问题在持续恶化：有城市并没有病毒感染也实施静态管理、全员核酸检测；有城市出现 1 例或几例病毒感染者就立即封城、封村；大量的货运车辆被控制在路途中导致全国物流中断；大量的便民商业店铺关门、买药难看病难、停工停产。这是一种什么现象？说白了就是各个地方政府官员的恐惧、不自信、不担当——防疫抗疫再怎么过头也不是错，有了病毒感染可能就会出错，明哲保身但求无过，演变成全国的"政治运动式"防疫。

这一轮疫情，深圳、苏州、常州、南京等多个城市已经降为低风险，健康码没有了星号标记。可见的预测是，重灾区上海市、吉林省在 4 月份实现"动态清零"之后，中央高层的疫情防控政策一定会朝着稳经济大局作出调整。

当然，也不排除上海市会因为疫情有官员被问责，进而给各个地方官员造成面面相觑的局面，导致他们变本加厉、层层加码，心无二用只搞疫情。果真如此，则本已脆弱的经济或只能毁矣。

最后，给中央高层的建议是：从一道道会议文件与政策可以感知到，人民群众非常理解当前国际国内"内外交困"的不确定形势。好在近五年中美贸易战、两年多新冠疫情、一个多月俄乌战争以来，中国的整体社会与经济面还是稳定的、向好的。只要生活在和平的环境里，防疫、经济增长两不误，中国社会就一定能持续好中更好。

跨省穿越，听老母亲说饿着肚子挖坑埋面条

2022 年 4 月 7 日

编者按：出于当时写作所处环境与背景，原文模糊了作者出发地与目的地，实际是从南京市前往约 70 公里外的安徽省来安县。

疫情期间出个门极不容易，但着实闲得无聊，也想陪陪住在县城的老母亲吃顿饭，于是驾车前往几十公里外的邻省县城。

出于对地方政府的尊重，这里不说明我住在哪个省市、去往哪个省县，跨省，是确定的。

9:40，我出省后的第一个高速公路出口，排了长长的车队，预感此行不妙。

9:57，我在距离将要出口的 2 公里处看见了车辆排队。我问摆放锥筒维持秩序的人员大概需要多长时间可以驶出高速公路，回答是大概 3 小时。

我耐不住性子，从左侧车道径直驾驶到出口匝道分流区。交警手势示意我直行，我停在警车前方表示有急事想插队。交流了几句，我用特别的话术说服了交警，他安排了我插队。

距离收费站短短几百米的匝道，80 分钟后的 11:20 我才挪到收费站前。在查验了健康码、行程码、48 小时内核酸检测阴性证明，确认一切正常后，工作人员要求我下车做抗原检测。两个鼻孔第一次被长长的拭子戳到酸痛流眼泪，领取到一张温馨提示。

再然后，是微信扫描对方省市的防疫二维码，信息登记，分别三个人轮流核验绿码、行程数据、核酸报告，对应先后发给绿色、蓝色、红色卡片，方可进入。

出了收费站，进入县城的公路边设置有核酸检测点，停车咽拭子"落地"核酸检测。正式离开高速，已经是 11:48，前后将近两个小时的折腾。

而我，是幸运的插队者。其他车辆驾驶员告诉我，正常排队需要大约 5 小时。

期间，我随手在公司高管微信群发了一条消息："智慧物流搞到今天，病毒也是可以消杀的，却用最原始的关卡排查。心中一万个想代表一下人民。"

我还思考了一句话，分享在朋友圈，几分钟后又删了。内容是：这次亲历疫情期间高速公路出口的不易，其根源还是我们的教育、卫生、文化、宣传工作，这四项工作的"纲"是科普。一辆车、一个驾驶员，做到防疫、健康，完全有更多方法，而不是处处设卡检查。国人流行谈"三观"，实际上，在科学普及缺失之下，所谓的"三观"不过是已见和已欲。

中饭与老母亲闲谈。我所在城市、她所在县城都是疫情被封，昨天同时解封。她说这次病毒疫情很折腾人，门都不让出，封城期间每天一户人家只发一张可以出门的"买菜证"。她看抖音视频、听县里人说，应该是西方那个国家投毒的，想害我们。

我说，妈您别搞假想敌那一套。"买菜证"算不了什么，最近还有农村因为疫情需要农民持"种田证"才能下地干活的。要是能引进用上西方国家一台自动化机器、一天耕种几百亩地的技术，那些农民天天闲着也就不要什么证了。

我又说，妈您这一辈子遇到过什么事，是政策错误、但必须照做的吗？

"我小时候，有一次跟你外婆去麦田拔草，外婆悄悄煮的面条带着，被公社人检查差点看见，外婆快速地挖个坑倒掉面条才避免惹祸。"

老母亲接着说："那年头搞大炼钢铁，砸锅炼钢，只能吃大集体食堂，看谁家生火做饭烟囱冒烟是要批斗的。吃不饱，饿死人，也不能自己家里做菜做饭吃。"

妈同意了我的观点：上头强制做的事，当时老百姓也不知道对错，就是只能照着做，哪怕再难。

妈似乎明白了什么，嘴里嘀咕："这不让人做生意、不让人出门、不让人跑车，还让不让人有钱挣饭吃。"

我说，妈要是您识字，我一定推荐您读读大作家莫言写的《蛙》，里面讲的是计划生育那些年农村真实发生的事情。

老母亲说她大概都见过。

傍晚返程很顺利，县城的高速口随便走。只是对面进县城的车辆，已经排在了距离高速收费站大约 5 公里处，粗算几百辆车，要半夜才能下高速。到达我生活的大城市收费站的时候，只是查验了绿码和行程码，很快。

但愿病毒能早日被封死、赶尽杀绝。但愿今天为疫情防控所做的一切，都是正确的、有价值的。

疫情防控与经济发展，不该是一道非此即彼的题

2022 年 4 月 8 日

2022 年 3 月 31 日，新华网发布《新华述评：坚持"动态清零"不放松！》。文中的核心表述是：坚持人民至上、生命至上，坚持科学精准、动态清零，用更小成本在更短时间内控制住疫情，减少疫情对经济社会发展、人民生产生活的影响。

这段话本身是有分寸、讲科学的。然而结合彼时的亲身经历，我不得不说：多地在政策执行层面已经走样、变味，与中央的表述渐行渐远。

其一，"动态清零"是一个讲科学的政策，为疫情防控与经济发展两不误提供了充足空间。

"动态清零"的本义，是对核酸阳性感染者实施隔离治疗，直至转阴后恢复正常生活；同时借助移动通讯"时空伴随"大数据流调，精准排查密接、次密接人员，经规范的核酸检测与医学观察后，确认健康者回归正常秩序。

按照现有的医学、健康云与大数据技术，只要尚未出现数百乃至上万例的大规模暴发，在发现一例或十数例感染者之初，完全有能力科学精准地对有关人员实施隔离，而无须动辄对全城全员进行核酸筛查。

根据奥密克戎变异株的症状数据，新冠病毒并非百年前致死率极高的鼠疫或黑死病，它是可防、可控、可治的。"动态清零"绝不意味着在轻度疫情或零感染时，出于"保全大计"的简单思维，便对所有物流车辆逐一排查，对健康人的出行和工作设置重重障碍。

其二，"人民至上"是一个有温度的原则，意味着充分凝聚和依靠人民的智慧与力量。

中国历经四十余年的政治稳定与经济持续增长，形成了前所未有的人口与城市格局；今日面对的新冠疫情与国际科技、贸易竞争态势，同样是前所未有的挑战。新中国的崛起，正是凝聚了百年来无数普通人的智慧与力量。面对新问题，更不应慌乱失据、明哲保身，而应多听人民的心声与诉求，边施策、边优化，才能赢得人民的信任与支持。

"人民至上"不是口号，更不是将种种缺乏科学依据的防控措施一律冠以"为了人民"的挡箭牌。

其三，"生命至上"是一个有爱的思想，越是面对病毒威胁，越要把人的生命健康真正放在首位。

必须看到，威胁人们生命健康的，不只是新冠病毒，还有同样迫切的基础性疾病、急危重症与各类新发病种。社会医疗资源有限，理应将最优质的资源用于最紧迫的需要。

若因非必要的过度防控，导致正常诊疗中断、手术停摆、买药困难，乃至让患者抱病等死，这样的防控又有何资格谈"生命至上"?

其四，"经济发展"是一个至关重要的议题，经济社会的健康运转，本身就是疫情防控得以持续的物质基础。

"十四五"规划明确了五条发展原则，其中"创新"处于现代化经济建设全局的核心地位。将创新精神引入疫情防控，才能以更低代价、更短时间控制住疫情，而非以一刀切的方式换取表面上的安全感。

过度防控导致健康人出行受阻、物流中断、工农业停产、商业关门，无异于与经济发展对着干。失去了经济基础，疫情防控的可持续性从何谈起？失去了创新活力，免疫与发展的未来又向何处寻觅？

困难的日子里，我告诉团队的同事们：无论外部环境制造了多少困难与无奈，五千年的历史从未因任何一场灾难而停止进步。我们应当保持信心。

真正领会中央决策部署的精神，科学精准地把握各项工作的边界，公开透明地面对人民——做到这些，无论遭遇何种困难，我们都能走得更稳、更远。

给地方政府疫情工作的建议

2022 年 4 月 15 日

新冠病毒奥密克戎变异株大流行已是不争的事实，"动态清零"政策下社会生产生活秩序受到严重影响，同样是不争的事实。依照目前的传播量、传播范围与传播速度，大流行必将在相当长的时期内持续存在。

即便是一项事业，或是一场战争，也只能朝着成功或胜利的目标努力，而非一定能实现某种绝对的结果。"动态清零"政策释义本身便存在分歧：它不是要绝对清零，而是要不断实现社会面清零。坦率地说，这极为艰难。在数十万人的感染量、密接、次密接与潜在病毒携带者之中，只要病毒还存在，就一定会有人持续感染。除非病毒能被某种方式彻底消灭，否则感染将循环往复。

面对现实，放弃幻想。

与其纠缠于"清零"或"共存"，不如正视现实：与新冠病毒及其可能的变种打一场持久的防疫战争，才是正事。与其争论最低成本与最大代价，不如让每个人在非常态化的疫情传播时期，最大限度地自我健康防护，过上"常态化疫情生活"，才是正道。

让我们共同思考：政府与百姓分别可以做些什么，才能实现这一目标。

当前疫情防控的一个根本问题在于思维模式——政府要"

管"，百姓要"被管"。"管"与"被管"本身是对立的，这种关系必然不利于齐心协力、共同朝着一个目标做好一件事。政府应当做好以下几个方面：

其一，科学普及是首要之务

应秉持讲科学、讲真理的态度，实事求是、简明扼要地向公众普及奥密克戎的流行病特征、防护措施、治疗方法及后续风险。中国拥有十四亿多不同文化程度、年龄与生活环境的人口，城乡经济结构多元，让所有人清楚地知道"疫情是什么、要做什么、怎么做"，至关重要。科普工作之所以是首要，正是因为只要持续、大量地做好这件看似简单的事，就能让老百姓知悉实情、不恐慌。

其二，明确可执行的工作目标

"动态清零""共存""躺平"，这些显然都不是简明清晰、可落地执行的疫情管理目标。共同的目标应当是"防护与治愈"——直到人体形成自然免疫，或通过接种疫苗获得免疫。疫情已历经两年有余，国际国内均积累了大量可复盘、可借鉴的经验。不应以坚定、坚决之名，拒绝百姓参与建言，而去制定孤立、极端的单一目标。

其三，保持信息透明

疫情的发生，不是哪个人或哪个官员的责任。既然疫情来了，就要有应对的自信，将抗疫措施、传播态势、趋势预测与保障力量，向公众滚动发布真实的信息与数据。2021 年 7 月 20

日，南京暴发疫情后的连续十二天内，"南京发布"公众号实时播报了五十四篇抗疫信息。实践证明，只要信息公开、透明、真实、及时，就能赢得全社会的同心协力。

其四，切实保障民生

无论是防控还是抗击，都会对生产生活造成影响，重点体现在就医、就学、生活物资与工业制造等领域。越是处于高度紧张状态，越是要让市场机制得到更大发挥。民生需求具有多样性，单靠"计划"难以满足，缺乏多通道、多渠道、多样化的保障，就会出现垄断、坐地抬价、服务梗阻等问题。

防疫抗疫工作，政府与百姓实现思想统一、行动一致，将是不断取得进展的根本。有研究与经验证实，奥密克戎变异株并非群体灭绝式的鼠疫、黑死病，它是可防、可控、可治愈的。不尊重民意、强制推行不合理措施，以及带有情绪的对抗，只会让局面更糟，既无法实质性保护人民健康，还会衍生各类次生伤害。

即便吉林、上海的大面积疫情得到控制，也不能就此断定这是全国疫情的最高峰，仍须为更严重的暴发做好思想与措施上的准备。再大的难度也要正面迎对，但务必讲究科学，沉着、冷静、有序地凝聚官员、专家与百姓的共识，一条心去赢得这场持久战。

核酸检测，会不会是传播病毒的帮凶？

2022 年 4 月 23 日

这个问题，在当时几乎无人敢公开提出。

彼时大规模核酸检测正在全国各地密集推行，"应检尽检、不漏一人"是标准口号。然而稍加观察，便会发现一个令人不安的事实：现行的咽拭子采样流程，在结构上存在明显的交叉感染风险。

采样的过程是这样的：被检者摘下口罩，仰头张口，医务人员将棉签伸入咽部停留数秒，随即换下一人。整个动作干净利落，效率极高。但正是在这短短数秒里，任何一名病毒携带者都会将病毒以飞沫或气溶胶的形式散布在周围的空气中。紧随其后的下一位被检者摘下口罩的瞬间，便在同一空间、同一气流中完成了吸入。

这一过程，与击鼓传花在结构上并无二致。

室内采样点的情形尤为值得关注。密闭空间内空气流通有限，一旦队列中存在数名感染者，室内气溶胶浓度将快速累积，后续所有被检者实际上都处于持续暴露之中。即便是在室外采样，人与人之间首尾相接，小范围气溶胶的传播风险同样不可忽视。

这并非危言耸听。气溶胶传播是奥密克戎变异株的主要传播途径之一，这一点在 2022 年初已有充分的科学依据。在此背景下，大规模核酸采样流程中的感染控制问题，理应得到系统性的评估与讨论，而不是以行政命令代替科学论证，以检测数量代替防控效果。

更值得深思的问题是：持续呼吁全员核酸检测、力挺"社会面清零"的声音背后，是否进行过充分的成本与风险评估？核酸检测产业在疫情期间的规模扩张有目共睹，这一利益结构是否影响了政策建议的客观性，是一个理应公开讨论的问题。

科学的价值，在于敢于检验自身的前提假设。如果一项旨在发现感染者的措施，本身有可能制造新的感染，那么对这一流程的质疑，恰恰是科学精神的体现，而非对防疫工作的否定。这个问题，值得每一位参与政策制定的人认真回答。

宝华镇解封记：怒放的生命，生而为人的倔强

2022 年 4 月 24 日

2022 年 4 月 23 日夜间，央视新闻即时发布：经综合研判，宝华镇解除封控。

在此之前，宝华镇多个封控小区的居民陆续走到楼下，与封控管理人员对峙，坚决要求解封。这一幕幕出现在视频里的画面，并非激进，也非对抗——而是普通人在漫长封控之下，对正常生活最朴素的渴望。

再往前几天，4 月 17 日，句容市发布《致宝华镇居民的一封信》。这封信措辞审慎，字里行间却情真意切，透露出地方官员面对困局时的自省与歉意。信中写道：

【至险之境，最危险的错不是"方法错"，而是"方向错"；回首往事，最遗憾的事不是"我不行"，而是"本可以"。】

信中也坦承了一刀切问题的根源：

【对"一刀切"的质疑，本质上是防疫整体要求与个体多样需求之间的矛盾，是政策衔接、资源力量、情势研判等多方面差异导致的。】

最后，信中以一句话鼓励居民：【不惧碾作尘，无意苦争春，让我们以怒放的生命，向疫魔表达生而为人的倔强。】

我有亲戚、同事和朋友居住在宝华镇被封控的小区，整个

事件的经过我有所了解。宝华镇的解封，是居民共同发声的结果，也是地方政府官员与人民站在同一立场上的体现。正因如此，央视新闻才会在深夜为这样一个普通小镇发布实时的解封消息——这在当时并不寻常。

值得注意的是，那封信所说的"疫魔"，所指并不仅仅是奥密克戎病毒本身。疫魔，也是那些方向走偏的政策，是执行过程中对人的需求与尊严的忽视，是漫长封控里人性所承受的压力与考验。宝华镇居民的坚持，正是对这一切的回应。

宝华镇的故事，让人想到一个更大的问题：什么是文明？不是读书，不是辩论，不是段子，不是视频。人类从蛮荒走到今天，经历了无数冲突与牺牲。真正的文明，或许恰恰体现在这样的时刻——普通人不以暴力，只凭倔强与尊严，让一道不合理的封控线悄悄退去。

愿上海人民，也早日迎来属于自己的那个夜晚。

海南记：疫情里，有一种地方还在呼吸

2022 年 4 月 27 日

长三角的广场、堤岸、公园，即便是清晨，三三两两的行人也还戴着口罩。疫情的气息弥漫在空气里，无处不在。

其实病毒并不存在于空旷的清晨，存在的，是人心里挥之不去的不安。

出发前并没有把握此行会顺利。硬着头皮登机，有几分"明知不可为而为之"的意味。

登机口，航空公司人员一遍又一遍地询问：十四天内是否在南京市的栖霞区、秦淮区或江宁区生活和工作过？有，需要四十八小时内两次核酸才能登机；没有，一次即可。我的回答是没有，随即被要求补签一份承诺书。

这套逻辑实在难以理解——一座城市内，区与区之间的边界本就模糊，如此区别对待，除了制造焦虑，意义何在？

海口落地，流程出乎意料地顺畅。递交一张简易的无中高风险区停留承诺书，手机出示健康码、行程记录与核酸报告，出机场门口免费做一次咽拭子，六小时后网上可查结果。就这些，没有更多。

海口市区的出行同样简便。无论单位大小，进门扫一扫"场所码"，快捷顺畅，各处都欢迎访问。

三亚刚解封两天。走出高铁站，没有任何查验，大步流星，直接出站。理由直接而朴素：上车前已经查验过了，既然如此，就"三亚欢迎您"，何必再拦一次？

三亚的海岸线，浪花依旧一波接一波地打向沙滩，戏耍着每一位游客。音乐早早响起，年轻的、中年的、老年的，一起大口呼吸海风，脚步带动着腰肢，尽情摇摆。

几个病毒、几天的流动管控，并没有影响整座城市的心情。

长三角与海南，同处一个国家，同一套防疫政策之下。然而两地的气息截然不同：一边是弥漫的紧张与管控，一边是松弛的烟火与呼吸。

也许海南真的在开放——是真正放开了的那种开放。它提示了一种可能：防控与生活，本可以不是非此即彼的关系。

扛下所有：疫情里一个老板的十五天

2022 年 5 月 10 日

挑疫情低风险的城市出差，是那段时间里能做的最稳妥的选择。白天拜访客户，晚上参加饭局、赶路或处理文件，日夜兼程，几乎没有停下来的时刻。

出差途中，要随时找医院做常规或加急核酸检测，进每一处单位都要扫码、被盘问，在门口等待放行是家常便饭。约见大小领导，对方几点有空，就几点赶过去，没有自己的节奏可言。

疫情对生意的冲击是实实在在的。项目延期，订单延迟甚至丢失，同行之间的恶性竞争趁机加剧。资金周转靠借，供应商和客户的需求都要应付，而脑子里转得最多的，始终是两件事：员工的工资怎么发，工厂靠什么订单维持开工。

过去十五天，辗转五个省、十个城市。这期间至少完成了二十次核酸检测，每一站都伴随着随时可能被隔离的风险。

就这样回到常住城市，迎接我的是"3+11"居家管控政策，外加连续七天、每天一次的核酸检测。

究竟有什么必要？

一个刚刚完成高强度跨省出差、核酸记录清晰、行程数据完整的人，回到自己住了多年的城市，却要被当作潜在风险源关上十四天——这套逻辑，我想不通。

疫情里的老板，没有退路可言。订单不会因为封控而等待，客户不会因为隔离而体谅，工资不会因为困难而推迟。所有的压力，都要一个人扛，扛着继续往前走。

身心俱疲的时候，回到居住的城市，本该是一个可以放下的地方。但在那段时间里，连这一点也做不到。

疫情中的南京"二房东""三房东"现象透视

2022 年 5 月 14 日

编者按：本文为一篇时政调研文章，当时提交至南京市委。

近期，南京市出台《"同心抗疫 携企同行"助企纾困二十项举措》，在一定程度上缓解了小微企业和个体工商户在疫情影响下的经营危机。然而，调研发现，政策在执行层面存在资金被变相截留、克扣的情况，财政资金未能全部直接接济实体经济的目标尚未实现。

一、政策条文与执行落差

以房租减免为例，政策第三条明确要求：承租行政事业单位和国有企业国有房产的服务业小微企业和个体工商户，减免三个月租金；被列为疫情中高风险地区的，减免六个月租金。

然而，位于栖霞区仙林板块的曼度广场，房产属于国有，但政策在该区域的实际执行情况令商户普遍不满。多名经营者拨打 12345 热线反映问题，均未得到有效回应。

二、"二房东""三房东"的利益链条

据了解，曼度广场的产权属于国有，由产权单位委托国有平台公司（"二房东"）经营招商，再由"二房东"委托一家民营商业租赁经营公司（"三房东"）向小微企业和商户收取租金。按现有租金结构，"三房东"每年从各商户收取的租金总额，约为其向"二房东"支付租金的三倍，差额利润超过百分之六十。

曼度广场地处疫情中高风险区域，"三房东"依政策享受了六个月的租金减免，即六个月零成本。但"三房东"以自身属于民营企业为由，仅向各商户减免两个月租金，仍要求商户缴纳其余四个月的费用。

以此测算：在享受政策零成本的前提下，与疫情前同期六个月相比，"三房东"的获利增长约百分之三十。换言之，该企业不仅未受疫情冲击，反而借助助企纾困政策实现了增利。

三、、问题的普遍性与政策初衷的落空

类似现象在南京市各类高新区、大学城及国有经济平台中不同程度地存在。在小微企业和商户看来，他们实际承租的是国有房产，理应在政策覆盖期间享受六个月零租金成本，而非经由中间层层截留后，仅余两个月的实际减免。更不应出现的局面是，纾困资金在转移过程中成为中间层的额外收益。

姑且不论"二房东""三房东"现象是否涉及垄断权益的寻租问题，至少可以明确：在疫情导致经济困难之际，这一层级结构在政府政策与实体企业之间起到了截留与消耗的作用，与政策初衷背道而驰。

四、建议

调研所及，大量承租于"二房东""三房东"名下国有房产的小微企业和个体工商户，已长期处于高租金、高成本的经营压力之下，疫情的叠加更使其雪上加霜。有限的财政资金若能真正直达，方是及时之举。

建议南京市委、市政府尽快就上述情况开展深度调研，厘清"二房东""三房东"在政策传导中的实际角色，出台更有针对性的配套措施，确保助企纾困二十项举措条条落地，让小微企业和个体工商户切实享受到政策红利。

"加码"的南昌，终于把我拦下了

2022 年 5 月 17 日

三月初以来，总觉得长三角城市群里的人是忧郁的。比如我，四月中旬一度近乎绝望，跟人争吵，差点错过了很多本该美好的事。

4 月 25 日，烦不了那么多，启程去海南。那个痛快，难以言说。难得的是，那个季节竟然还需要穿外套，椰风在海浪拍打声中没了力道。疫情在云天之外，海边的人们活在自己的生活里。

“五一”假期之后，去成都，去德阳，去绵阳，去雅安，去重庆，而后又去了武汉。

中国中西部如此美好，各地热情相迎。其实每座城市都需要朋友、客人和经济活力，这不只是合肥的新闻，是许多城市共同的渴望。

而后，到南昌的前一天，我特意问了当地人并获得确认：低风险地区来的，正常入城即可。于是从武汉直奔南昌。

下了高铁，跟着人群做落地核酸，结果阴性。心情不错，去元祖蛋糕朝阳店打算消费。扫场所码，才知道——我被赋了黄码。店员当场请我出门，不准消费。

这是二十多天、二十多个城市里遭遇的第一次。

随后的麻烦接踵而至：行政、事业、国企单位一律不让进门；核酸检测点不给黄码人员采样；更离奇的是，高铁站和机场的落地核酸，不被南昌市认定为"三天两检"的有效结果。于是，单位的人不理解，社区的人不理解，医院的人不理解，酒店的人不理解，而我，也无处说理。

南昌市内能为黄码人员做核酸检测的医院屈指可数，我辗转找到江西省人民医院。检测点是一间十多平方米的小屋，三三两两没几个人，极为冷清。我为此多损失了一次十八元的检测费。有意思的是，连那里的医护人员也在抱怨这套规则的荒唐。

事情的逻辑并不复杂：一个从低风险地区来的人，落地核酸阴性，却被直接赋予黄码，随即寸步难行。这不是防疫，这是"加码"——用多余的限制制造多余的麻烦，既没有让任何人更安全，也没有让这座城市更从容。

不管怎样，我成功地被限制在了住处。虽然当晚我确实去了附近的烧烤摊——当然，那是出门做核酸检测，路过。

不努力、不抗争，堆积的灾害终将砸向自己

2022年6月26日

过去六十天，连日穿梭于二十几个城市，拜访会见七八百人，见证了疫情之下社会经济的方方面面。愈来愈强烈的感受是：每一个个体都应当为争取更好的社会环境而积极努力、主动发声，决不能消极旁观。正所谓"雪崩时没有一片雪花是无辜的"——你不针砭时弊，堆积的灾害终将砸向每一个人，包括你自己。

以下六个镜头，是这六十天里亲眼所见。

镜头一・厦门，烂尾楼与金门岛

5月29日，厦门市思明区黄厝溪头下，穿过一片摄影文化主题的村落，再从墙上随意凿开的一个洞口向外望去，对岸便是金门岛。海边横亘着一座约百米长的废弃楼房，应是早年开发烂尾的豪华酒店，可望海，可望乡。楼内有穿制服的人日夜值守，大约是看管海面，防止有人私自泅渡。夜间的探照灯以绿光在海水间游动，金门岛上的灯火若无其事，依旧明亮。

这栋烂尾楼的投资者不知作何感想，地方政府不知作何感想，路过的纳税人，又有几个会停下来想一想。

镜头二・广州，暴雨与核酸长队

6月1日中午，广州高铁站。下车的人群争相扫疫情管控

二维码，随即被"回"字形隔离栏层层约束，只能摩肩接踵、缓步向核酸检测点挪动。忽然，一道接一道的闪电劈开压抑的乌云，大雨哗然而下。偌大的雨棚不足以遮蔽黑压压的人群，脚下积水漫延，疲惫与狼狈交织。

现场寥寥数名疫情管理人员，却有如此之多的人在交叉感染的风险与压抑的环境里默默忍耐。长时间高密度的聚集，一旦情绪失控，后果难以想象。

镜头三・飞机上，口罩与餐食的悖论

飞机上，乘务员一遍遍提醒旅客戴好口罩，随即又一遍遍发放饮料和餐食，供旅客摘下口罩自由取用。

病毒会在摘下口罩进食时暂停传播，戴上口罩后再度活跃？若非如此，这套程序究竟在防护什么，又在表演什么？

镜头四・秦皇岛与唐山，公路道口的消毒仪式

秦皇岛、唐山两市的各处公路市界道口，大热天里，工作人员紧裹防护服，背着喷雾器，向经过的车辆轮胎和车身侧面喷洒消毒药水，毫无章法。

病毒能附着于高速滚动的轮胎之上并存活？这套程序究竟有无科学依据，有没有人认真问过？

镜头五・天津，"搓板路"与专家的想象力

天津市滨江道商业街附近，道路上铺设了凸起碎石路面，白天车辆驶过隆隆作响，入夜后更是震耳欲聋。据了解，这是交通安全"专家"借鉴欧洲城市减速措施的结果。

减速设施本有其适用场景，但铺设在居民密集、商业繁华的街道，选址的逻辑究竟是什么？没有人提出疑问，它就这样堂而皇之地用下去了。

镜头六·核酸检测亭，一个值得改进的细节

独立封闭的核酸检测亭内，身着防护服的工作人员需要将双手伸入两侧操作孔，以受限的姿势完成采样操作，长时间保持同一体位，十分辛苦。

这一设计是否经过人体工程学的评估？长期高频次的重复动作，对一线医护人员的身体会产生怎样的影响？这同样是值得认真对待的问题。

六个镜头，六个场景，涉及城市建设、交通管控、防疫程序与基层执行。它们未必都是大问题，但每一处都指向同一件事：当荒唐的事情被默默接受、当不合理的安排无人质疑，它就会以"正常"的面目延续下去，直到代价落在具体的人身上。

发声，是每个人都可以做的事。

看成都：疫情静默中的疯狂

2022 年 9 月 18 日

一座城市的崛起，看人文荟萃，观街景逸致。年轻人去了还想再去的，非成都莫属；年轻的才俊要留下来，成都就真的雄起了。

三四月间，长三角、珠三角、京津冀的大部分城市还沉浸在"非必要不出城"的凝滞气氛里。而被称为"天府之国"的成都，已有人随手拍下了莎莎舞、大妙火锅、春熙路网红街景和宽窄巷子的市井烟火。

心向往之。

于是，4 月下旬，我优先安排前往成都的商务活动，往返四次。顺道游览了周边的德阳文庙、广汉三星堆、眉山苏公祠、乐山大佛、叙州金沙江。若临近周末，便故意多"流连"几日。春熙路、太古里、九眼桥、芙蓉园、水井坊、杜甫草堂，扎堆的年轻人在水声人声之间弹唱啜饮，好不欢快。

商务对接的公务、企业人士，只要我提出见面，无不应约。若非疫情管控所必须的"三天两检"让健康码时常弹窗提示，成都仍是那座歌声里"让我依依不舍的不止你的温柔"的城市。

古道临新风，可茶馆，可酒肆。

芙蓉园夜里，半醉半醒，歌手小可在纸片上即兴题诗，吟诵道：

夜色芙蓉园

欲邀嫦娥沐芙池，
莫与月孤，
坠随村落恋蜀。
街市烟火成"都"，
武侯出户，
往昔憾事来年妒。
若非嫦娥，
无人赏月色。
只因烟火，
街市闹成都。

以成都为核心的成渝经济圈，正在从盆地向世界伸展。商界精英千里云集，青年才俊欢声游走于锦江两岸，政府公务人员热情相待招商引资，五百多万辆车川流于蜀道街市——这一切并非偶然，是一座城市多年积蓄的生命力。

然而世事无常。对于无数次经历无常而仍叫"成都"的这座城，习以为常的，是芙蓉——就要开放。

7 月下旬，又想经停成都时，突发的数例阳性让高中风险的消息传遍四方。先是不敢去，后是去不了。按下暂停键的成都，没有回应朋友圈里许下的那些愿，接踵而来的是"抢菜"与"静默"。

比成都人更难的，是成都的市长。比市长更急的，是成都人。政令与民心，小会大会，两相为难。正如歌词所唱："余路还要走多久，你攥着我的手，让我感到挣扎的是为难的自由。"

明月几时有，把酒问青天。四川大文豪苏轼于公元 1076 年中秋写下《水调歌头》。整整九百四十六年后的公元 2002 年中秋，成都人推开一扇又一扇窗，与月色下包裹严实的"大白"一起，唱"不愿做奴隶的人们"，唱"今夜你会不会来"，唱"英特纳雄耐尔就一定要实现"。除了"大白"们对着月亮晃动手机搜索信号的身影，和月下笨拙的舞动，那万家闭户的门里窗前，多少老弱病残遥望月色的人，可否知晓老乡苏轼当年在密州对酒当歌时的无可奈何与佯作洒脱。

今昔千年，千年今昔。

马克思在《哥达纲领批判》中写道："自由就在于把国家由一个高踞社会之上的机关变成完全服从这个社会的机关。"华盛顿在就职演说中亦有言："如果自由流于放纵，专制的魔鬼就乘机侵入。"

公元 2022 年 9 月 14 日夜，中秋的月色正一点一点向下弦黑幕让步。按捺不住的成都人从楼道里走出，用心声挽留光明，向往光明。那个夜里，一百多个高风险区域的病毒被封在了属于它们的角落，向成都人让步，让千家万户与街市江河，烟火相连，生息相通。

与其让疫情在窒息的静默中疯狂，不如让病毒在趣味的生活中死亡。别的城市能做到的，成都能；别的城市做不到的，成都人也能。

注定要争光于世界的，是这座雄起的成都。

秋分，在北平

2022 年 9 月 23 日

脚步一直没有停，也一直是幸运的。从 4 月 24 日还在严格封控中的南京出发，至今整整五个月，超高频率的差旅顺利走下来。即使是 8 月初台海风云骤紧之时，祥和还是陪伴着走过了那道湾。

之后，是《追光，去阿里》[14]之后。那片最宁静、最高远的天空被某种东西凝固了。有人说是病毒，可那病毒怎么就不畏惧高原的天？

那芙蓉园外，月夜里千窗同唱的，是《水调歌头》，是“商女犹唱后庭花”。

大半个神州，笼罩在疫情的阴影之中。直到 27 条生命[15]，在防空警报拉响之前的凌晨两点四十分，留在了贵州通往贵阳方向的山野深壑。那辆大巴，那条路，那个时刻，像一根刺，扎进了每一个知道这件事的人心里。

有人说，在南方那座疯狂生长的城市里，年轻的人们正在摩肩接踵地走进精神科。受够了，太多的人受够了。

---

[14] 2022 年 7 月，作者前往西藏从拉萨驱车前往札达、阿里，观摩冈仁波齐神山，写下《追光，去阿里》文章。

[15] 2022 年 9 月 18 日凌晨，贵阳一辆涉疫隔离转运大巴在贵州三荔高速发生侧翻，造成 27 人遇难、20 人受伤。

就在前天，已报告核酸阴性的我，下了赣州的高铁，在站内做了一次核酸。一小时后驶下信丰的高速出口，又被要求做一次。年轻的"大白"说：没有办法证明你在高铁站做过，再做一次算你占便宜，反正不要钱。

昨天，我从龙岩到厦门再到广州，一路车站，一路三次咽拭子。

北京，还去得了吗？

这大半年里，那 27 条生命还没有得到应有的交代，北半球的战火还在权力的任性中燃烧，联合国的表决台上依旧寸步不让，各地的民生救济令还在一道道传达。病毒在其中，不过是诸多荒唐中的一种。

拖着沉重的行囊上路，没有人知道前方会不会因为吹过别人吹过的风而遭殃。行囊之所以重，也是因为秋风早早光顾了北京——万一真的病了，有那准备充分而沉重的行李[16]，孤身的小屋里至少不至于措手不及。

秋分的正午，北京南站，竟然出人意料地一如平常。东张西望，看不见一个"大白"的身影。出站，上车，驶向五道口。

微微凉意的夜路上，翻了翻八天以来积压的资讯，才意识到——时正秋分。

熙熙攘攘、川流不息的清华园、中关村，湛蓝的大空任人遐想．真好．

温故而知新。期待即将到来的十月，新天。

[16] 疫情期间出差，为防止被隔离多日，行李中需要准备足够多日使用的衣物。

逃离者：在游戏的社会中游戏

2022 年 9 月 24 日

怕什么来什么。清晨六点，我（逃离者）习惯性地打开手机健康码，弹窗信息跳了出来："您可能与北京市内外的疫情风险地区、风险点位、风险人员等有时空关联，需要进行风险排查。若您在北京市，请立即向酒店或社区报告……"

拨打 12345 市长热线，自动语音回复：编号③的弹窗，需立即向酒店或社区报告。

这意味着，无法出门，当天在北京市的所有计划事项就此搁置。

我匆匆趿着拖鞋下楼，向酒店前台的女孩询问。大清早，只有她一个人在。幸好，只有她一个人在。

一番对话下来，情况大致如此：不能出门；须"三天两检"结果正常后，才能申请解除弹窗；路边核酸检测点的报告不作数，必须去医院；医院尚未上班，即便上班了也无法前往；须等到九点，向社区防疫人员报告，由社区预约上门采样；今天预约，明天上门；解除弹窗之前，须单独在房间隔离，吃喝有人送，费用自理。

对于一个每天至少做一次核酸的出差老手来说，无论积累多少阴性报告，都证明不了"绝对没有风险"——哪怕那个概率只有万分之一。所有的质询、争论、吵闹，在这套系统面前都毫无意义。这种时刻，淡定和机灵，才是最有用的东西。

“那我回房间看看另一部手机的情况。”

我淡定地上楼。刷牙洗脸穿袜子，全抛在了脑后。先买好八点的返程高铁票；套上最简单的衣裤和鞋；收拾行李，拉上行李箱。

“这一切数据太乱了！我另一部手机的健康码是正常的。”

我向前台女孩晃了晃昨天就截屏保存好的健康码页面。在车站、机场，"大白"每天过目查验成千上万名旅客，这种操作再寻常不过。

“我现在打算出去找个医院做核酸，或者看看能不能在车站坐车离开。房卡寄存在前台，房间定到明天，我会在中午十二点前决定是继续住还是退房。”

前台女孩无可奈何，带着一种见多识广的默许，没有拦住我。

网约车上，司机要求扫北京市“健康宝”二维码。北京市的健康宝页面设计了环环相扣的流程——一旦被弹窗，便无法正常扫码。我装模作样地把手机对着二维码，随即打开截屏向司机晃了晃。

“好了啊，师傅。”

“好嘞，系好安全带啊。”

北京市车站，广播循环高喊须打开本市绿色健康码方可进站。面对穿制服的查验人员，用手机的截屏蒙混过关的把戏失败了一次，又一次。

我上了另一辆出租车，离开，但并不气馁。

联系上一位带着两部手机的朋友，商量好：用对方其中一部手机打开健康码尝试进站；若再过不了，就回酒店认命。

幸运的是，成功了。穿制服的查验人员顺顺当当地放行，我和朋友一同进了车站。重新购票，距清晨睁眼整整四小时后的上午十点，我坐上了高铁。

防疫这套系统并非无懈可击，它的每一处漏洞，都只能用“被逼出来的智慧”去填补。

不向命运低头，在游戏的社会中游戏——不是对规则的蔑视，而是对荒唐的回应。

"阳"人前往美国：一段真实的经历

2022 年 12 月 22 日

12 月 5 日起，中国陆续取消核酸检测与健康码查验，真正意义上的疫情随之大规模蔓延。

十天后，美国驻华使馆宣布暂停签证办理。

我计划出发的日期是 12 月 20 日。幸运的是，行程符合当时前往美国的所有政策要求——尽管那个时间节点能成行的中国人已寥寥无几。

公司里陆续有约六七成同事感染，我一直状态正常。然而怕什么来什么，12 月 19 日下午，突然感到全身倦怠、肌肉酸痛，当晚体温升至 38.6 摄氏度，此后一直徘徊在 38-38.6 摄氏度之间，直至出发。

没有做抗原或核酸检测。前往美国的决心是坚定的，不容动摇。办法总比困难多。

我戴上一顶鸭舌帽，出门时随身带了冰块。抵达浦东机场的半小时前，将冰块放在帽了里敷在额头上。

进机场有体温检测系统，无须脱帽，顺利通过。海关查验入口的测温系统须脱帽缓行，我提前用冰袋贴敷额头，再次过关。安检前，冰袋已融化为液体，不得不丢弃。但是物理降温的延时效果，让我又一次通过了测温。

办理登机牌时，须经由国际旅行健康证明小程序调取三针疫苗接种的英文证明，在航空公司系统内提交承诺书，并填写健康申报，其中包括承诺过去 14 天内无感冒症状、未服用退烧药或止咳药等。这一流程耗时颇长。

出境海关盘问的只是赴美目的。我据实作答，对方未查验任何随身资料，直接放行。

过了安检，浦东机场国际出发区异常冷清，仅一家小型免税店营业，商品价格比往日高出许多，连一个颈枕也难以寻到。

登机顺利，不再测量体温。飞机上，我持续发烧，忽高忽低，没有体温计，便也不去管具体是多少度。畏寒，嗓子逐渐疼痛加重，咳嗽有痰，耳廓边缘和上半身皮肤时而有刀割般的刺痛——所有症状指向新冠病毒感染。我裹紧连帽羽绒服，昏昏沉沉地睡一会儿、醒一会儿。

飞机经日本上空向北，进入北美洲，历时十三个半小时、飞行约一万四千公里，抵达纽约。

肯尼迪机场入境大厅旅客众多，队伍排了很长。从中国来的旅客几乎全部戴着口罩，其余各国旅客则大多不戴。入境海关收走飞机上填写的入境申报卡，例行询问几个常规问题：携带现金情况、赴美目的与停留时长、有无违禁肉类或水果。我逐一作答，对方未查看任何其他文件，盖章放行。提取行李，走出机场。

没有体温检测系统，没有行李安检，没有开箱查验。

回想在浦东机场的种种周折，我不禁感慨：那些层层叠叠的关卡，究竟在防什么、查什么？

住下后，用美国的抗原检测试剂自测，结果阳性，且显色明显。按照当地指导用药：Tylenol（泰诺）退烧，Mucinex 化痰，安然应对。

内心最大的不安，是带着感染症状登上了国际航班。但我也清楚，这背后有着更大的背景：国内许多单位已普遍默许低烧员工正常上班，相当于在制度层面助推了病毒传播。而在美国，抗原试剂和常用药品供应充足，感染者不需要带病工作，自觉居家隔离是普遍的社会共识。当然，美国感染者的症状普遍较轻，不像我和更多国人正在承受的那种骨节疼痛、高烧持续、吞咽如刀的巨大痛苦。

同一个世界，同一种病毒，不同的……

我们应该立即采取行动

2022 年 12 月 23 日

一个千真万确的事实：新冠病毒感染正在全社会大规模暴发，全国范围的真正大流行，仅仅开始了第十九天。

以下行动，建议立即落实。

一、每个人备有两个抗原检测盒

1. 出现发热伴身体酸痛症状的次日，进行抗原检测。

2. 检测呈阳性者，须居家自我隔离并做好环境消毒，绝不外出。

3. 症状完全消失（无发热、酸痛、咳嗽、痰液）后的第三天，再次检测以确认转阴。

二、每个家庭备有三至五天用量的常用药品

退热、止痛、抗感冒、化痰、止泻类药品，可根据家庭成员的用药经验选择疗效较好的品类。

1. 忘掉宣传性质的推荐用药，相信自己和身边人的经验。

2. 混用药品前，务必了解基本的药物相互作用常识。

3. 出现症状后尽早服药，不必强撑。

三、患有基础病或家有老年人的家庭，备有一个血氧仪

1. 血氧饱和度低于百分之九十时，须立即送医，医院必须

接收。

2. 有条件者可备小型制氧机或氧气瓶，血氧饱和度低于百分之九十二时可辅助吸氧。

四、关于辉瑞 Paxlovid

1. Paxlovid 在美国属处方药，须由医生根据感染者症状开具处方，重症或有基础病的患者方可用药。

2. 按照美国医生的诊断标准，目前国内普遍出现的高烧、剧烈咽痛、全身骨节疼痛，已达到重症判定范畴，在美国极为少见。

3. 服用 Paxlovid 期间须停用其他所有药品，且须在停药六小时后方可服用。

4. Paxlovid 在美国对所有人完全免费，无论是否为美国公民。

五、给政府的建议

1. 中央政府通常负责战略方向，地方政府的应急战术对普通百姓而言至关重要，直接关乎生死。

2. 发动协会、商会及各界人士，借助其平台与资源，有序组织常用药品与医疗器械，尽快实现家庭有日常储备、社区有应急保障。

3. 确认阳性且有症状的感染者须严格居家隔离，不得外出。

4. 居家隔离期间，政府应向个人直接发放现金补贴，并向受影响的民营企业提供现金补助或贷款减免。

对每一个没能扛过来的人，这个冬天是无法逾越的灾难。

对每一个艰难支撑的人，这个冬天留下了难以磨灭的伤痛。

没有人是真正的幸运者。如果继续盲目而荒唐地应对，每个人迟早都将面对不可承受的代价。

愿每个人都能迎来属于自己的二〇二三年春天。

真相：围绕 Paxlovid 的舆论战

2023 年 1 月 8 日

在多地医院陆续将辉瑞 Paxlovid 投入新冠治疗、以应对全国感染潮的同时，网络上一批大 V 和博主掀起了一场针对 Paxlovid 及其出品公司辉瑞的舆论战。这场舆论战是否存在虚假信息，背后是否另有目的，值得逐一厘清。

Paxlovid 的实际效果

Paxlovid 虽不能彻底治愈新冠，但临床数据表明它可以大幅降低重症和死亡风险。过去数周内，包括北京、上海在内的多地部分医院已将其纳入临床用药。

2021 年 4 月，美国权威医学期刊《新英格兰医学杂志》发表论文指出，未接种疫苗的新冠感染者服用 Paxlovid 后，症状发展为重症的概率降低了 89%。同年 11 底，美国疾病控制与预防中心的报告显示，无论是否接种疫苗，感染者服药后需要住院的概率降低了 51%。

Paxlovid 在美国属处方药，需由医生开具，免费供给。适用患者须年满 12 岁，且具有可能诱发重症的基础疾病；65 岁以上老人是最主要的适用人群之一。患者在出现症状的 5 天内服用，药效最佳。

在中国，Paxlovid 被冠以"特效药"之名，受到空前追捧。部分城市已将其纳入医保，但每盒价格仍接近两千元人民币，市场上甚至被炒至上万元，据报道已成为一些人之间流通的高端礼品。

社会质疑一："既然有效，为何百万美国人死于新冠？"

这是网络上流传最广的质疑之一。有微博博主写道：一个因新冠死了几十万上百万人的国家，研发出来的新冠特效药特效在哪？

事实：美国食品药品监督局于2021年底才批准 Paxlovid 投入使用。根据约翰斯·霍普金斯大学的统计数据，Paxlovid 投入使用后的 2022 年全年，美国死于新冠的人数约为二十八万人——远低于此前未有有效治疗药物时期的死亡数字。

社会质疑二："辉瑞上海公司营销负责人因新冠死亡"

传播者以此暗示辉瑞自家药物无效。

事实：经核实，该死者的就职单位为制药公司百时美施贵宝，并非辉瑞。

社会质疑三：Paxlovid 进入医保是"资本"操控

部分大 V 将 Paxlovid 纳入医保的决策炒作为利益驱动，并指称支持采用该药的中国医学基金会主席陶斯亮与辉瑞关系密切，理由是辉瑞曾多次向该基金会捐款。

事实：陶斯亮通过公开渠道回应：自己在该基金会的主席头衔仅为荣誉称号，已离开多年，目前从事慈善工作。捐款行为本身并不构成利益关联的证据。

社会质疑四：辉瑞疫苗有效性存疑

早在 2020 年辉瑞疫苗临床试验期间，便有报道质疑其副作用，援引部分美国志愿者出现轻度至中度不良反应，以及挪威 23 名老人接种后死亡一事。某知名汉字媒体社评写道，其中 13 人的死亡"被认为是注射疫苗的副作用所致"。

事实：结合辉瑞及美国食品药品局的回应，接种后出现的反应并不等同于与疫苗存在因果关系——副作用数据库中收录的所有案例均来自公众自愿报告，任何人均可提交，报告本身不经可信度筛查。挪威当局对 13 例死亡进行了调查，并未得出由疫苗导致的结论。

以上四项质疑，经逐一核实，均存在信息失实或逻辑跳跃。民众需要清楚的是：大量此类质疑并非出于科学审慎，而是将疑问当作流量生意在经营。在关乎生命健康的议题上，辨别信息来源、核查基本事实，是每个人都应当具备的自我保护能力。

核酸检测揭秘：海外暴利与阴阳标准之差

2023 年 1 月 26 日

因多项事务所需，我于年前 12 月 20 日前往美国，由此有了《"阳"人前往美国：一段真实的经历》。此番返程途中，又有了一段关于核酸检测的意外经历，值得记录。

在美国期间，完全感受不到新冠病毒的存在，戴口罩几乎被视为另类。偶有感染，症状普遍轻微，自行抗原检测，居家满 5 天即可。

关注国内疫情消息的同时，购买回国机票后随即收到通知：须持行前 48 小时内的核酸阴性报告方可登机。

夏威夷的核酸：125 美元，6 天无报告。

美国返程直飞航班依旧稀少，从夏威夷返程只能选择经停第三国中转。出于行程安排的考虑，我选择了经停东京、在新加坡入境停留约 56 个小时、再返回国内的路线。网上搜索许久，始终无法确认：核酸检测的"行前"起算点，究竟是以出发地夏威夷为准，还是以中转地新加坡为准？

为确保顺利，我在夏威夷预约了 Raffles 医疗机构的核酸检测，费用约 125 美元，价格不菲。当地时间 1 月 22 日中午的航班（即北京时间 23 日凌晨），我提前于 20 日（北京时间 21 日）周五上午前往检测。工作人员询问了旅行目的地，确认是回中国后才予以受理，告知一至两个工作日（不含周末）可出报告。

检测方式颇为特别：隔着封闭窗户，通过语音指导，完全无接触，由受检者自行采集鼻腔样本。

然而，直至1月26日上午在新加坡登上回国航班（距检测已过6天或4个工作日），仍未收到夏威夷的检测报告。询问后被告知，出报告时限为最多5个工作日。这意味着，许多从美国出发的旅客，实际上很难在48小时内拿到核酸报告。

新加坡的核酸：CT值的秘密。

1月24日落地新加坡后，第一件事便是安排核酸检测。仍选择Raffles医疗机构，预约了6小时出报告的加急项目。检测由工作人员操作，过程快速。

然而当天下午，邮件通知令我愕然：核酸检测结果阳性，无法出具旅行用途的阴性证明。

这怎么可能？自行抗原检测分明只有一条线，结果为阴性。

经多方查询和咨询，才搞清楚其中原委：新加坡极少数医疗机构为本地人提供免费核酸检测，但针对赴华旅行者的检测则高价收费。更关键的是，不同检测机构判定阴阳性所采用的CT值标准并不一致，常见的有CT值大于45、大于42、大于40、大于38、大于37等五种，加急与普通项目之间也可能适用不同标准。我所拿到的报告，CT值判定标准为大于42，因此被判定为阳性。

各国核酸检测CT值标准不尽相同：美国与日本为35，中国为40，德国为30。这正是部分旅客登机前核酸阴性、落地后却被判为阳性的根本原因。CT值越高，判定标准越宽松，但各国之间的差异本身就颇为荒诞。

弄清原委后，我心平气和地找到另一家检测机构，明确说明需求：只要实际 CT 值不低于 37，按实际结果出具阴性报告，用于赴华旅行。费用 65 新加坡元，24 小时内顺利收到了 CT 值大于 37 的阴性报告。

这场检测，究竟在防什么？

与检测机构工作人员交谈时，对方言下之意颇为直白：赴华旅行者的核酸需求，是一桩难得的生意，与治病救人并无关系，说来有些荒诞。外国人普遍更难理解的是：既然阳性感染者可以正常上班、自由出行，为何国际航班还要求持阴性报告登机，国内航班却不作要求？

更值得一提的是，核酸报告的查验方式：办理登机牌时，工作人员不过随手扫一眼那张纸上的姓名与日期。即便是随手打印一张格式相仿的，乃至 PS 一份假报告，恐怕也能轻易过关。

写此文时，我已在回国的航班上，借着付费网络写下这篇文章。这一路的折腾，让我意外成了核酸检测的"民间专家"。

真正值得深思的问题只有一个：大规模、长期的核酸检测，究竟是医学需求，还是利益需求？

房・役

七夕夜，祝愿那些"独守空房"的人

2021 年 8 月 14 日

一次次有意无意充当忧郁、抑郁者的心理医生之后，有了这样一句祝愿。

值七夕之夜，送给无数中国的婆婆、奶奶、大妈、大婶、阿姨、大姐们一句话：

祝愿你们能够与那些相爱的、最爱的、口口声声念念不忘、登记在名下的多套房子相守一生——人在房在，人不在，房也要在。

从许多现实中可以看见，房子对爱情、亲情、友情、家庭乃至社会的破坏力，已到了蛊惑人心、无以复加的程度，素材够拍一部电影了，就叫"独守空房"。

建议中央千万不要"救房市"

2021 年 10 月 14 日

"房子是用来住的，不是用来炒的。"

中央明令禁止之下，房价逐年应声下跌，于是就有"吃不消"的房地产商，抱着"房地产是中国经济压舱石"的论调和幻想，期待政府出手"救"市。

我们应当明白，如果"救市"成为较大范围的呼声，这只能说明更大范围的房地产经营行为已经背离了"住房"开发的本义，层层叠加的风险已经积累成普遍现象。

会有人辩解说，房产具有商品属性，投资是世界惯例。这话未必站得住脚——那不过是资本主义社会里资本家精心设计的一套模式罢了。不妨认清本源，避免人云亦云。

房子不应稀缺化。 造房子，不过是通过劳动力，利用地球上最普遍的砂石，在地表构筑一个居住空间。作为任何一个自然人，理应具有通过基本劳动创造居住空间的权利。

房子不应商品化。 商品有两种：一种是天然存在的；一种是用天然物质加工制造出来的。商品之所以称为商品，在于它可移动、可搬运、可流通、可交易。一件商品私藏多年不用，往往仍保有其功能价值。再看房子：它不可移动、不可搬运，长年闲置既占用土地、又浪费劳动力与建材，还会风化损耗乃至倒塌废弃。若将房子彻底商品化，试想大量房子被用于存放骨灰或空置荒废，这样的景象有谁能够接受？

房子不应投资化。根据个人或家庭的能力与财力改善居住环境，无论大小、精简，都无可厚非，属于人对衣食住行的本能需求。但把房子变成投资标的，利用个体或群体独有的资源、权力与财富占有更多房子，同时控制房子的建造供给，再加价溢价转售他人——这样的利润实现，无异于巧取豪夺。如前所述，房子本身不应稀缺、不应是商品，唯有通过资源性供给控制才能制造出"供不应求"的假象，从而产生超出常理的价值。

期待"房子只住不炒"的政策持续推进，有关部门切实加大管控力度，让高房价背后的投资投机心理彻底丧失生存土壤。

房地产必破

2022 年 4 月 29 日

2022 年 4 月 29 日的中央会议再次强调："要坚持房子是用来住的，不是用来炒的。"

说起来，我对房地产的长期市场不看好，至少 10 年了。无论是早期在新浪博客撰文，还是撰稿于新华网专栏期间，都曾留下过这样的判断：

唯有房价下跌，中国经济当下才有出路和退路。

过去 10 天（4 月 18 日至 4 月 28 日），人民币在加速释放贬值空间，几乎把过去一年的跌幅一次走完。汇率下跌背后是出口下降、资本避险、国内房价下行等刚性因素叠加，仅靠外汇存款准备金率的下调，遏制不住。

三十年了，至少也二十年了，中国人早已习惯了一个信条：房子只会涨，绝不会跌。而人们往往忽略的是，长期涨，是需要有基础、基石的，中国的房地产市场有吗？

中国的城市与县城，为了一套 40 年至 70 年产权的房子，用几个家庭、几代人，签下一辈子劳动价值作抵押的承诺。

我认为，房地产必须破掉。让房地产破掉，民生才有出路，经济才有机会，政府才有空间。

房地产破掉，首先受益的是房贷一族——房价下行倒逼利率下降，房贷负担近乎减少 50%。

房地产破掉，其次受益的是普通百姓——砂、石、钢铁无处遁形，回归就地取材的自然属性。

房地产破掉，更受益的是实体经济——生产力提升的主战场将重新回到实体，尤其是创新。

房地产破掉，而后是"立"。不是有价无市，而是应该"卖不掉、押不出"。

燃料告急，饲料告急，就业告急——此时保的若只是房地产，而非高品质、有传世价值的房子，几乎毫无意义。

中国当下的房地产破掉、裸奔，完全不同于美国、日本、中国香港曾经历过的崩盘现象。恰恰相反，这是一次全社会的"破而立"。

与疫情无关。

与美国无关。

有关创新。

房价、股价、身价三价齐跌，免税、降息双管齐下

2022 年 10 月 1 日

财政部：自 2022 年 10 月 1 日至 2023 年 12 月 31 日，对出售自有住房并在现住房出售后 1 年内在市场重新购买住房的纳税人，对其出售现住房已缴纳的个人所得税予以退税优惠。

中国人民银行：自 2022 年 10 月 1 日起，下调首套个人住房公积金贷款利率 0.15 个百分点，5 年以下（含 5 年）和 5 年以上利率分别调整为 2.6%和 3.1%。

从来不缺少政策，也无需逐一梳理上上下下的政策，因为它们都在指向同一个症结："经济下行"，同时试图用无数政策去阻止跌势。谈何容易？可以肯定地说，在大基建、大减息、大管控、大战备的现状之下，生产力水平一天没有得到实质性提高，就绝无可能扭转局势。

资产会贬值吗？回答是：一定会。

首当其冲的是老百姓的重仓资产——房子。贬值的排头兵是商铺，其次是写字楼，再就是高层住宅以及城市核心 5 公里以外的普通商品房。这三类房子需要面对并且在心理上承受的，是"腰斩"。

当仁不让的是老板们的商誉资产——股权。除了格力电器、

公牛集团、龙蟠科技这类一心一意聚焦主业的企业，做消费端服务、企业端工程、政府端咨询，以及"抄袭科技、概念科技"板块的上市公司，股价跌至 10 元、5 元以下将成为新常态。

紧跟步伐贬值的是 70 后、80 后的身价。向国企要政治、向国企要创新、向国企要分配，将直接妨碍到那些习惯了"涨、涨、涨"的 1970 至 1989 年出生的人。尤其是那些为了房子、孩子、面子拼尽全力、却从未投资过自我终身学习的绝大多数人。他们将在失业与淘汰中东冲西撞，赔光耗尽。

黄金会贬值吗？要看对比的基准。

对比过去的黄金价格，会有适度回落；对比美元，大体同比例缩放；对比人民币，则看好升值。当然，黄金的保值性不能代表女性钟爱的装扮性消费——金银细软进了当铺，可能也就剩六七成价钱了。

人民币会贬值吗？同样数量的人民币，在经济下行期一定能买到比之前更多的同质车子、房子等大额资产。但要注意的是，购买生活必需品、兑换美元，人民币大概率在中长期会处于贬值状态。

怎么办？建议是：抛售、变现"非核心"资产（核心是指唯一居住、维持盈利的刚需），转而投资教育、投资保险、投资具有产品属性的技术创新研发或企业股权。

如果秦国不建长城、宫殿、陵墓，或者用上 2000 年后的技术建造；如果宋朝不用负债的方式加码生产劳作；如果清朝不用"33 两纹银"驭民之术……历史没有如果，所以磕磕绊绊、踉踉跄跄走到了今天，向明天、后天走去——有人起高楼，有人楼塌了。

向天再借五百年，此情只待缘。

中国房价下跌会引起严重后果？

经济学家简直胡说八道

2022 年 10 月 2 日

贴上"经济学家"标签的演讲或文章，我通常放弃阅读，或者一扫而过当成废话。

今天有个例外，标签是"知名财经评论家"的叶檀，声情并茂、一本正经地通过今日头条推送了一个视频段子："房地产下跌是不可能的，不让房地产上涨就要让房地产那个水箱里的货币有地方去，那么其他什么乱七八糟的东西都会涨。尤其是股市也会上涨，股市的上涨会是杠杆造成的，一旦下跌，会造成更大崩溃效应，更加可怕。"这显然是很恶心人的话。

能够被贴上"经济学家"标签的人，在中国就不是一般人。他们虽然代表极少数，却有着最大的嗓门。经济学家们既希望影响政客，又希望影响老百姓，归根结底是在维护自己和他人的既得利益。说到底，他们往往已经站在"金字塔生态"的顶端，从骨子里享受着优越性，也从骨子里维护着结构的稳固性。

我承认，经济学家的标签也不是随便就能贴上的，他们高学历、博览群书，也懂得、向往"草原生态"的自由浪漫。同时他们也是与普通人一样的人，有血有肉有心。但是，一旦逐阶站上了"金字塔生态"的顶端，则时位之移人也。

房地产是怎么涨起来的？

一是政府对土地财政模式的依赖，人为推高了建房购房所需的土地价格；

二是顶层金融模式的设计，人为助长了资产泡沫的形成；

三是优势资源的过度集聚，人为抬高了对稀缺性的争抢。

此外还有商品市场囤积居奇的惯用手法，某些阶段肆意为之的炒房现象，人为制造出"买到就是赚到"的效应。

房地产在中国能够快速叠加上涨到今天这个程度，涨到令年轻人望而却步，原因只有两个字：人为。

中国的房地产价格，与影响涨跌的两个至关重要因素——人口与市场，没有太大关系，甚至可以说三者之间的机制是失衡的。因为一直看涨，所以一直坚守，直到实际需求层面的人口基数再也涨不动了、买不起了。

房地产下跌会引起严重后果？经济学家们相信，房价下跌对金融秩序会造成最大冲击，一旦下跌会直接传导给银行，导致高度不良资产率。居民买房是按揭贷款，企业贷款是房产质押，的确看起来是银行扛下了所有风险。

实际上是吗？并不是。

中国的银行基本上都是政府平台，并非市场经济中的企业。每一套有贷款的房子，其背后都是相当于甚至高于本金数倍的利息，也就是"坐收渔利"——这个渔利实质是债务人的劳动成果。从这个角度讲，房价如果继续涨，才是一件非常可怕的事情，让"坐收渔利"成为可持续现象。

房地产真正下跌，哪怕拦腰跌去 50%也不要紧，中国政府可以采取的措施将会包括：

一、减免按揭贷款的利息，延长居民居住性核心需求的本金还款周期；

二、降低企业使用房产抵押贷款的利息，分期还款或延长还款年限；

三、回购囤积居奇或存量卖不动的房子，低价向年轻人、住宅刚需群体供应，平衡资源分布，达到提高城市化率、拉动消费内需的效果。

诚然，这三个措施能够稳住社会和民生，却让那些横盘等待涨价"渔利"的极少数人极为不爽。

对属于中国政府的银行来说，只不过需要做两个转变：一个是树立社会价值与民生价值的意识形态；一个是把钱借给或投给真正的创新产品，共同受益。

“房地产下跌，其他什么乱七八糟的东西就都要涨”——这是一句屁话。用"房地产是大量货币的水箱，跌了就要溢出"这样的逻辑，糊弄早已习惯躺平的政客、没有发声机会也不善于思考的老百姓姑且可以，但经不起推敲。房地产作为商品，对应的是人口涨跌与市场供需机制，在机制常态下，该涨就涨、该跌就跌。房价在那里鬼叫"能跌或不能跌"，是做贼心虚、心怀鬼胎的表现。

至于股市，更应该回归"价值经济"的机理。一个企业的未来有没有价值，取决于科技创新和顾客需求。所谓的杠杆，又何尝不是人为？一定会有人冒险用杠杆搞投机，也一定会有人用价值规律做长期主义。

对于那些真正为社会、为民生改善生活品质的科技创新企业，让它们的股价持续涨上去，再投资、再创新、再提升，没有什么不好。

记住：中国的房地产一定要跌下去，这是"国策"级别的政治任务；一定会跌下去，这是"规律"级别的社会机制。

房价继续降，会有 11 亿人感谢党中央

2022 年 10 月 6 日

房价降下来能够惠及多大的群体？答案是约 11 亿人[17]，约占全国人口总数的 75%，或许更多。

显然，这与中央高层英明决策并坚持"房住不炒"紧密相关。在空置房、存量房过多导致供需失衡的情况下，房价在三两年内快速下跌，直接惠及 11 亿人口——感谢中央，是一句掏心窝的大实话。

关于房价、关于经济，我在此前的文章中已经赤裸裸地把房地产的底裤脱下：高房价皆因人为的土地财政、金融杠杆、资源集聚、囤积居奇，导致常规的市场供需机制严重失衡。

5 亿工薪族、6 亿农民，是一个庞大而脆弱的群体，每人月收入不足 5000 元，甚至不足 1000 元。别说房子，仅仅医疗、教育、育儿养老就已经艰难维持，当年欠收当年穷。

与此同时也要看到，中国社会和经济的巨大机遇同样藏在这 11 亿人身上。他们富起来、安居乐业，就能释放出一个不可估量的消费需求。11 亿人的住房改善本就是刚需，与有价无市的空置存量房完全形成反差。

房价降到什么水平比较合适？

---

[17] 该数据是基于官方公布的中国人口 14 亿的推演。

从国际成熟经济社会的经验看，一个 4 口之家在所处环境范围内，按照人均约 30 平方米购买 120 平方米住房所需的资金，低于一个主劳动力 10 年可支配总收入为宜。如果房价跌到这个水平，大约要普遍跌去 30%至 50%，由此传导的压力会递延给坐拥多套房高价待售的"房多多"、暴利开发模式的房产商、坐吃息差的金融业。倒逼政府的，唯有改革。改革的指向必定是打破既有利益链，但惠及 11 亿人的同时，也必定会形成更大的价值链。

所谓中等收入陷阱、基尼系数风险，以及人民日益增长的物质文化需要同落后的社会生产之间的主要矛盾，都可以通过房地产领域的调整加以化解。

在一眼望穿的经济下行期，中国社会危与机并存——危在守旧，机在创新。

在人人费力向上攀的"金字塔生态"中，几乎没有机会留给底层人群。他们向往的，是能够进入"草原生态"的自然竞争环境。

事实上，短短四十年的改革开放，作为发展中国家，与发达国家相比，中国面对和经受的考验是多维的：

农业能否从"田埂经济"走向农场经济；

工业能否从"作坊经济"走向产业经济；

城市能否从"密集经济"走向均衡经济；

科技能否从"仿造经济"走向创造经济。

人类正处于全球化、科技化、文明化进程的大时代。在这个大时代里，让 11 亿人口分享时代红利，进而实现共同富裕，必定能够以正向正能量影响全人类，驱动更加璀璨的文明大发展。

至少，房价继续降，会有 11 亿人感谢党中央。

解读：二十大报告对房价、物价、股价的影响预期

2022 年 10 月 16 日

住房、消费、投资，通常是关乎当下老百姓生活质量的三件大事。作为执政党的历史战略性会议，其高屋建瓴的执政方略，必然会直接影响这三件大事的发展脉络。

二十大报告不是孤立存在的，与之呼应的是《国家"十四五"规划和 2035 年远景目标纲要》。政治方略和经济建设，永远是唇齿相依的关系。

二十大报告用一句话带过住房问题："加快建立多主体供给、多渠道保障、租购并举的住房制度。"这说明房子这个民生基础工程的"商品化"已经基本完成了历史使命，即便还存在部分群体需求，也只需在既有存量上进行调控、调配、调增。

"十四五"的定性是：坚持房子是用来住的、不是用来炒的，加快建立多主体供给、多渠道保障、租购并举的住房制度，让全体人民住有所居、职住平衡。

对那些仍然抱有多买房子就能躺平赚赢的人来说，可以彻底放弃幻想了。不服的，可以去挖掘一下政策背后的相关支撑数据。

房子还能保值吗？我的看法是：大部分已经在下跌的只能

减值；少部分暂时还在略涨或维持的，只能看物价——物价涨上去，就等同于房价跌下去。

二十大报告和"十四五"规划虽然都没有直接提及物价，但并不影响物价持续上涨的态势。撇开国际货币汇率因素不说，在"十四五"规划"坚持创新在我国现代化建设全局中的核心地位，把科技自立自强作为国家发展的战略支撑"的基础上，二十大报告进一步强调"必须坚持科技是第一生产力、人才是第一资源、创新是第一动力"。

显而易见，科技创新必定带动消费品全面升级换代——如同葡萄→巨峰葡萄→阳光玫瑰葡萄、自行车→摩托车→小轿车不断迭代更新，引发人们对高品质消费的需求，使创新的先进生产力充分发挥对 GDP 的贡献。科技生产力水平上去了，既不用担心房地产的价格泡沫无处溢出，更不用担心货币增发形成新的泡沫。

二十大报告只字未提所谓的多层次资本市场，着力点放在实体经济，并且要"毫不动摇巩固和发展公有制经济，毫不动摇鼓励、支持、引导非公有制经济发展"。这也与"十四五"明确的构建现代化经济体系一脉相承。

由此可见，过去资本市场所热衷的泡沫经济、流量经济、虚拟经济，一定要彻底退出市场舞台。近两年相应的"杠杆"性股票价格已经下跌，目前 A 股处于平均每股 11 元左右；有理由预测，不久的将来，A 股平均个股单价大概率会再跌去 30%，下降至 8 元左右，走到传统规模化制造业的合理估值区间。也就是说，A 股大盘跌到 2200 点也不足为奇，可能成为一种常态。

当然，这取决于国际国内社会与经济是否出现重大波动。同时也要明确的是，具有自主原创核心价值的高科技创新产品的股票，在平均个股价格中依然会表现坚挺，20 元、30 元以上的单价将趋于正常。对老百姓而言，理性的选择是相信科技，尤其是那些实实在在改变日常生活的科技创新产品，而非动辄提及芯片、生物、数据、航天等概念。

房价、物价、股价，在新的历史时期的"身价"面前，都将不值一提。决定"身价"的，是人才，是教育，是长期主义的价值投资。

谨以此文，献给最普通的老百姓，和那些心无旁骛的民营中小微企业。旧时代的潮水已在退落，新时代必定会有更多的弄潮儿大显身手。相信科技，相信创新，相信新的生产力，充满想象力的未来，一定会来。

李强政府：房价不跌天理难容，绝不应"米贱饭贵"

2023 年 7 月 3 日

开篇明义：本文所指的房子，是那些不具有空间私属、代际传承属性的所谓"商品房"。如果你拥有的是自主设计建造、真材实料、可代际继承的独门独院式房产，不在此文范畴。

房住不炒，是十八大以来中央和国家持之以恒坚持的政策，旨在去除传统产业过剩的库存和产能，推动经济发展模式从低端的土地财政向高端的科技创新转型升级，进一步缩小贫富差距，让全体人民分享改革开放和经济建设成果。目前看，已经取得了一定成效。集合式多层、钢筋混凝土、70 年使用权的商品房，呈现出有价无市、交易价格下跌的趋势。这是党中央和国家取得的来之不易的政策效应。

为什么不能再依靠传统的房地产模式发展经济？前文已有详述，此处不再赘述。

当前，由于经济建设处于巨大的时代变革期，阶段性经济下行既是预期中的"L 型"策略，也是可接受的调整状态。却有为数不少的所谓经济学家——他们普遍没有亲身创业，也没有亲身创新——在声嘶力竭地呼喊要保住房地产。如果他们是真正的经济学家，应当清楚建造房子的三大成本要素：

土地交易价格下降；

钢材和混凝土材料的价格较一年前、三年前跌去了30%至40%；

新的就业形势下人工工资也在下跌。

之前建造的大量存量房子，作为一种商品，其价格理应随材料和人工成本而涨跌——哪有"米贱饭贵"的道理？

当经济学家不遵循最基本的商品经营概念和规律时，他们就是跳梁小丑，野心可鉴。更何况，房子实在太多了，老百姓实在买不起、住不起、不值得传承下去。

房价再跌50%指日可待

2024年6月5日

通常来讲，在一个达到或超过"饱和需求"的成熟房地产市场，维持房价平稳或上涨需要四个条件：

一是房子属于绝对私有且独立的恒产；

二是生产力水平与劳动人口收入成正比增长；

三是建造房子所需的土地和材料成本，加上相当于耐久性工业品的合理利润，与现行房价相比具有显而易见的合理性；

四是房地产市场通过充分竞争与风险管理，形成了供需数量的调节机制和秩序。

然而过去三十年左右的时间里，房地产模式长期在政策指导下运行，也就是既有"制度的设计"，同时又不受制约，雨后春笋般冒出来。

房子一步到位完成了"商品化"，却并不具备耐久性商品"资产化"的特征，又在"政策和制度"的怀抱里让人们懵懵懂懂地接受了"房子是固定资产"这一认知。

于是，人们照着资本主义社会的房地产市场现象，倾其所有、外加余生劳动剩余价值、外加负债，不计成本、不惜代价地拥有并追捧"房子是资产"。

如果还看不明白其中的道理，简单说：现状下的绝大多数房子，尤其是"共有土地产权的多楼层房屋"，是消耗性商品，顶多是长期待摊的费用性资产。这种属性的资产，时间越久价值越递减，直至归零。

有人会说，政府的政策在加力给力支持房地产市场向好发展。要知道，不仅仅是房地产市场，几乎所有商品市场，在特定的体制和社会环境中，从来不缺政策，政策也从来没有滞后过。如果政策能够解决一切问题，历史也就不至于错综复杂了。

一个又一个政策，若是逆规律、避问题的，注定只能犹如稠了加水、稀了加面，要么画蛇添足，要么叶公好龙。

即便按照房子现价与租金之间的回报比、因房致费的支出比、消费能力的负重比来衡量，房价在 2024 年现时价格基础上再跌 50%也属正常，更是必然，指日可待。

（本文观点已考虑货币贬值因素。）

再谈房价

2024 年 7 月 28 日

在房地产行业，有个概念叫作资本化率（Capitalization Rate），即物业的预期收益所能产生的投资回报率。

资本化率对应的收益，通常是指物业租金、营业净收入等，相对风险较低，具有可持续性。比如购买一套住宅，土地成本、建房成本、装修成本合计 100 万元，预期租金能够达到 10 万元/年，资本化率就是 10%。商铺则可以用预期租金或预期经营收益换算得出资本化率。

在发达且成熟的资本市场中，房地产的资本化率一般在 8%至 12%之间。也就是说，投入一笔钱购买房屋或置办物业，以预期稳定的租金或经营收益作为回报，8 年、10 年、12 年能够全额收回投资。住宅房屋也会非常多元化，满足不同收入人群的不同购买力需求。购买力决定消费能力，消费能力决定经济。那些资本市场之所以发达且成熟，是因为它们走过了较长时间的真正意义上的资本化和市场化道路。

有人会依赖房价上涨作为房地产投资的收益，而不考虑资本化率。这种情况实质上属于风险投资，侥幸、赌运的成分极大。房地产的价值受到经济、商业、人文、地理、结构、折旧等多种不确定因素影响，其本身价值在资产记账中是持续减值的。专业的商业公司做房地产投资，通常也会极其谨慎，不敢贸然赌运气；对普通老百姓来说，就更应当强调预期的资本化率。

然而，中国的老百姓投资第二套房，或者以投资心理高价购买刚需住宅，无不在侥幸、赌运，用劳动换来的血汗钱、过日子钱做风险投资。他们并不知道，这种行为根本不叫投资——很多房子的资本化率仅有 0.05%至 2%；他们更不会知道，全民狂欢式做风险投资所要面对的风险和代价。

房地产作为具有"不动产"属性的长期资产，本应有投资价值。尽管中国房地产现状正在逐渐丧失这一属性和功能，但这不代表房地产的本质意义会被改变。

政治说要把房价搞上去，其实是要把地价和税费搞上去；

政治说房住不炒，其实是分配不均导致基尼系数出了严重问题，需要化解风险。

在政治的作用下，房地产只会更加丧失其"不动产"投资属性，侥幸入市的老百姓也只能承担风雨俱来的风险。

在美国，房地产所涉及的法律与专业领域，用"极其严密"形容并不为过，连专业经纪人都觉得条条框框繁琐。所以在美国，买房这种事，绝大多数专业的事都交给专业的人做，虽然房地产经纪人需要不菲的佣金，但购房者的风险几乎为零，总能获得高性价比的满意房子。

中国呢？法律不健全，房地产销售员专业度偏弱，购房者舍不得付佣金，潜在问题和风险全凭购房者自己去识别。

如果有人问我，房价还有没有上涨的未来？我肯定地说，一定有。但一定不是现状中的绝大多数高层住宅，而是要靠整个房地产行业做出根本性改革——在产权属性、法律条款、商业机制、专业程度等多个方面推倒重来。正如总书记所说，立破并举。

最后慨叹一句：老百姓太难了，辛苦了两辈子，买到手的房子既不叫投资，也不叫遗产。那些通过银行购买的所谓理财产品，既不是真正意义的理财，连存款都算不上。在"一国两制"、国际开放多年后的今天，早已有太多方法可以投资、理财、存款，但老百姓没有能力，也不相信。

人口下行房价上行，经济体感显著变暖

2026 年 1 月 19 日

上一次谈房价已经是一年半之前的事了。

六年来，包括房价、金价、汇率、股市和民企走向在内的话题，难免会在我的文章中做出分析并给出趋势判断。之所以停止谈房价，有三个原因：

一是之前谈得足够多，老生常谈很乏味；

二是身边几个朋友在我预警最猛烈的 2021 年前后先买进，再腰斩；

三是尊重很多人的不服邪，避免房价因"唱衰"而真的跌下去。

进入 2026 年，经济状况与社会环境显现出两个颇为乐观的现象：

一是"数据"上，不再需要"唱响"经济。1 月 19 日，国家官方发布：2025 年全国国内生产总值增长 5%，突破 140 万亿元历史新高，全国城镇调查失业率均值 5.2%，总体平稳。

二是"体感"上，大雪天有气温监测显示"36℃"。1 月 19 日北京地区普降大雪，平安里附近一块户外屏的气温监测数据显示"36℃"，事实证明户外非常暖和。

基于"经济整体上升，个体体感舒适"，难免有不差钱的人蠢蠢欲动，担心错过了一波最佳投资机会。官方媒体频频发布房价止跌、企稳、看涨的消息，各路自媒体给出房价见底反弹的若干理由，微信群和朋友圈也开始有人讨论"抄底"买入。

不得不说，这些都是非常好的现象。毕竟，房地产在全球各个国家都是硬通货"不动产"，牵一发而动全身。那些不差钱的人，天生不差钱，如果能够在这种时候"筹资"甚至"举债"入市，定能撬动房地产市场价格上涨，进而让本就上行中的经济扶摇直上。经济好了，国家强大了，一定会给老百姓分红、发现金。

想想，都美!

更为关键的是，1 月 19 日，国家官方同步发布了 2025 年人口数据：全年出生人口 792 万人，人口自然增长率为-2.41‰，总人口连续第四年减少。与此同时，近年来国内经济"内卷"严重，海外创业、出国打工形成的"净流出"人口，预测在千万级。

人口持续下行的趋势中，存量房、增量房价格上涨，被有限的人口"抢购"，直接反映出人均住房面积的显著增加，生活得到改善。经济"数据"的宏观改善、环境"温度"的个体变暖、室内空间的"压力"调节，都能支撑人口越来越少、房价越来越高、体制实力持续增强。

结论：在"不改变土地产权性质，不需要货币锚定不动产，不允许城乡不动产交易流通，不需要垄断主体成本兜底"的原则下，当前有钱人并非应当讨论"该不该"买入，而是应当果断"抄底"多买多拥。况且，"公有制"的国有企业在房地产行业中的占比正逼近 80%，有钱人多买房让房地产企业盈利增加、经营壮大，"公有制"的国有企业赚钱，就是全体老百姓在赚钱。

房地产的岔路口，"最蠢"那条路能否不要走？

2026 年 1 月 28 日

香港至少有 30 万人住在笼屋、劏房、板间房。

大陆至少有 1 亿"Z 世代"年轻人急需在城市有住房。1995 年至 2009 年累计出生人口约 2.6 亿，2020 年公开统计的留守儿童超过 7100 万，另外还有数亿人住在"火柴盒"里。

就在这样一个巨大的市场需求和人口活力中，房地产市场却呈现"腰斩""骨折"的跌落趋势。鲜有人冷静地审视这一问题，热议的观点几乎都有以下共性：价格泡沫，存量过剩，人口下降，消费低迷。然而，把大量年轻人对住房持有或改善的刚性需求代入到房地产供给量之中，人们难免要发问：怎么了？怎么办？

其一，私有产权房占比过小，共有产权房占比过大。

土地独占、边界清晰、建筑物空间独立，是房子作为"私有不动产"的基本特征。除了产权证书仍为"国有 N 年使用权"之外，独门独院的农民住宅、自建房、别墅，均可定义为私有产权房。多户共建在同一块土地上的建筑物——多层、高层、公寓和高楼大厦，均属于共有产权房。

私有产权房的建设和成本由个体控制，交易的市场自由化程度非常高，利润与增值往往随行就市、趋于合理。共有产权房则完全相反：建设和成本不透明，交易的定价权、流通权归属于该幢建筑物的多个层级的垄断者，利润与增值完全失去市场供需的自我调节机制。当私有产权房过少且被限制建设、流通之时，共有产权房随即被垄断利益推高价格泡沫。

其二，货币与生产、资产之间缺乏"紧锚定"。

随着科技水平与劳动生产力的提高，生产总值上升，货币增发。但增发的货币有可能进入生产，也有可能进入资产。当货币增发大幅抬高了居民家庭最大的不动产资产——房地产的价格，既是货币发行者、又是房地产和生产资料垄断者的政府，如果没有对三者关系进行"紧锚定"，会直接导致结构失衡、系统失序。直白地说，土地价格、建筑费用、税费基数，都是老百姓的成本，政府必须兜底。

怎么兜底？

如果是居民住宅，以房价和税费作为初始价值向政府的银行贷款，该初始价值必须作为最低保值保障。假设某天居民无力偿还剩余贷款，政府的银行和法院至少要按照初始价值判定如何回收与退差，根本不可能产生断供者补差或负债的情况。

如果是商业或工业房产，土地价格、建筑费用、税费基数、连年递延缴纳的使用税或增值税，构成全部房地产成本。商家或企业将房地产按市场价值抵押给银行贷款后，假设某天因经营困难无力按时还款，银行和法院至少要按照实际房地产成本（扣除物理折旧）进行估值，回收时多退少补。绝大多数情况下，该类房地产的贷款额会低于实际成本，因此绝不应该让商家或企业遭遇账户冻结、无法经营、被列入失信黑名单等连环灾难。

其三，限制房地产城乡间自由流通，是市场经济"最蠢"的做法。

无论是国际贸易还是国内市场，商品的自由流通都是市场经济的基础。当房地产作为"商品房"被人为切断城乡之间自由流通之时，价格机制、资源配置、效率提升随即被系统性破坏。这样的做法直接导致三个恶果：一是乡村资产持续贬值而致农民被动贫困；二是城市资产制度性抬高而致刚性需求的年轻人被挤出、被边缘化；三是财政与金融高度依赖房地产利润而致风险集中爆发。

房地产不能在城乡间自由流通，表面上看是在让农民"单向"进城、推进城市化，实则是把农民、农村、农业固化在"三农"版块上，城乡之间成为"二元阶层"而不是"双向活力"。被固化、失去活力意味着不再有机会——那至少1亿"Z世代"年轻人拿什么去买房？在农村老宅上建房，也注定是永远不会有增值收益的"折旧资产"。

写到这里，房地产的岔路口已经显现：一条路是走了几十年、还在走的"共有产权房、货币不锚定不兜底、城乡间不流通"；另一条路是如影随形就在一侧的"私有产权房、垄断就要锚定兜底或者松绑放开、城乡流通市场自由"。

有天生带着立场和观点的人可能会反驳：人口多，土地少。可以直接把这样的反驳定义为谬论扔进垃圾桶。建议去看看日本城市化对民众和经济的"反噬"到了何种程度；去看看美国的"逆城市化"给民众和经济带来了多少活力；再去看看自己国家农村土地上大量闲置、废弃的农民住宅，已经多少年没有创造任何价值。

哪条是"最蠢"的路？为什么要走，能不能改弦易辙，换条路？

房价不该再涨：这是一个关乎多数人命运的判断

2026 年 2 月 8 日

如果你想买房子，你希望它涨价吗？

但凡任何一个需要买房的人，都希望房子能够更便宜、更宜居、更耐久、更保值。相对来讲，高房价也许是高品质和好环境所致，但要让房价普遍上涨，总得有个理由。

党对社会和经济的绝对领导，决定了公有制经济为主的体制，决定了国央企房企已成为房地产市场的绝对主力，市场份额稳定在 70%以上（根据中指研究院发布的《2025 中国房地产百强企业研究报告》）。

为人民服务的理念将人民利益置于一切之上，这也决定了要让更多人在自身收入允许的范围内买得起房、有房可住。很显然，国央企房企应当担当起这个重大民生责任。

有多少人急需住房？能够买得起什么价格的住房？让我们看看四个方面的数据：

一、根据 2025 至 2026 年中国社会保障学会、中金公司和北师大等多份权威报告的综合统计，中国月收入低于 1000 元的人群约为 5.46 亿人。

二、官方人口统计数据显示，1995 年至 2009 年出生的"Z 世代"人口高达 2.6 亿；2020 年公开统计的留守儿童超过 7100 万人。

三、根据住建部及其他官方公开报道，截至 2025 年 10 月，全国房贷断供户数约为 91.2 万户，较上年同期增长 16.8%，另有可查询数据显示超过 500 万套断供房。

四、国家统计局发布的数据显示，2025 年全国居民人均可支配收入为 43377 元，折合每月约 3615 元；其中城镇居民人均可支配收入为 56502 元，折合每月约 4709 元。（可支配收入是指居民能够自由支配的收入，是居民可用于最终消费支出和储蓄的总和。）

看完这几组数据，让我们回到住房本身，回到民生本身。

存量和新建的住房最该卖给谁？谁是最大的住房需求和购买群体？答案很明显：是那 5.46 亿低收入人群，是那至少 1 亿乃至更多具有"Z 世代"身份特征（包括留守儿童）的年轻人。

造成房贷断供户数年增 16.8%、达 91.2 万户和超过 500 万套断供房的直接原因是什么？是曾经被多种非正常因素推高的房价，是个体不具有长期风险辨识和承载能力的盲目跟风，是不得不在城市买房以解决教育、医疗和就业问题的无奈。

让我们再问：喊房价涨的是什么人？根据了什么事实和逻辑？

难道会是担当民生重任、市场份额占 70%以上的国央企房地产企业？肯定不会是，也不能是。国央企的资本来源、融资信用和政策背书均来自公共体系，其经营目标天然不同于纯逐利主体。即使国央企为了稳健经营需要产生利润，也不需要高额利润或暴利。房子的传统建设与装潢方式、新科技建造和装修方式，成本都完全可控、透明。国央企完全可以公开成本和利润，给老百姓一个明白账。无论如何，不应该也不至于依靠抬高房价、推高房价的方式去经营，对不起"人民股东"，进而丧失民心。

难道会是市场份额不足30%的民企或混合所有制房地产企业？如果是，建议这部分企业在高品质和好环境方面下功夫，面向有改善性需求的富裕群体。"伐冰之家不畜牛羊"[18]，房地产企业家都是社会上有地位有身份的人，没有必要去挣小老百姓或穷苦人的钱。

根据这些事实和道理，可以得出结论：当前房价的跌幅和水平，即使是前期推高房价的泡沫正常挤出，相较于老百姓自建房的成本仍然高出很多。无论是中国农村还是全球多个国家，自建房都是可供参照的建房成本基准。如果想让更多人买得起房、有房可住，当前的房价不是应该上涨，而是应该再跌一跌。事实上，房价也还在下跌，向着利好民生的方向发展。

有人说，房价上涨，经济就能转好。这是一种经不起推敲的谬论。房子仅仅是众多资产中的一种，如果资产价格上涨就

---

[18] "伐冰之家不畜牛羊"，出自《礼记·大学》，意指有资格在丧礼上用冰保存遗体的贵族之家（即高门大户），不应以畜养牛羊这类平民营生来牟利——言下之意是，身份与地位越高，越不应与底层百姓争利。此处借用此典，意在说明：房地产企业家既已跻身社会上层，理应以高品质产品服务富裕群体，而非以普通老百姓的血汗钱为牟利对象。

能让经济变好，可选择、可上涨的资产实在太多了，完全没必要偏偏让人人必须遮风挡雨、安居乐业的房子去涨价。美国 2008 年房地产市场引发的次贷危机、1991 年日本房地产市场引发的经济崩溃，高房价、长期高额房贷导致经济萧条的案例不胜枚举。资产价格的泡沫只会使少部分人获利、大部分人受损，迟早必然破灭，让全社会陷入艰难。

也有人认为，房价下跌会冲击金融体系或地方财政。房价下跌、经济下行，都只是一种现象，其背后一定有着深层根源：资源分配不公，劳动生产率消耗，土地与资产价格被人为推高产生泡沫，贫富差距扩大，底层人群丧失购买力——一系列问题背后又直接涉及体制与系统的对错，如何改革？

房价不涨回去，那些断供的人怎么办？可以明确地说，高房价是导致绝大多数断供人群陷入困境的罪魁祸首。他们处于社会底层，靠薪酬和力气挣钱，在房地产开发商、银行金融机构的专业算计面前，怎么可能辨识得了长期潜在风险？解决这一群体困境的最好办法，不是把房价涨回去，而是将之前虚高、泡沫化的房价冲销——由受益者、垄断者或社会买单，在极端风险已经显性化的情况下，通过利息减免、期限重组、价格重估等方式将泡沫成本逐步出清，用社会保障系统兜底。

讲逻辑，讲道理，摆事实，就不难看出：绝不能让房价再涨回去。一定要上涨，也只能面向富人、富豪群体，而不是普遍呼吁房价涨上去。炒作房价上涨的，或许是持有多套房的个人，或许是库存过剩的房地产商，或许是不懂社会治理机制、不讲经济运行规律之人。

在现有结构下，只有少数持有大量存量住房或高库存资产的主体，才会从房价普遍上涨中直接受益。因此，呼吁房价普遍上涨，本质上是一种代表少数利益、却需要多数人买单的主张。一个以"房价必须上涨"为前提才能运转的经济模式，本身就已经背离了民生与可持续发展的基本原则。

闻 • 问

城市，乡村，人间烟火

2020 年 2 月 19 日

五千年的视野大概是被新世纪的第一缕曙光打开的，移动通信在那之后成为全新的生活方式。

再往前推十年，1990 年就成了世事的分水岭。之前出生的人，更多人会有"家乡"；之后出生的人，更多人就只有"城市"了。后者该是不够幸福的，他们的一生缺失了人类纪元特有的那段过去岁月的风尘，城市中来，城市中去，又有什么意思呢？

无论当年家乡相比当下有多么贫穷与落后，它寄托在每一个有着家乡的人的心里，却只能是永远也挥不去的幸福。与物质没有关系，却是在我们的物欲被满足之后，发现灵魂深处完全被曾经有过的简单生活占据了。

我也时常拷问自己，真的回到近在咫尺的那个乡村，肉体会习惯吗？灵魂会抗议吗？在写下《幸福该安放何处？城市还是乡镇》[19]之后，我反复地自我矛盾，也去寻找答案。澳洲的庄园，瑞士的田园，英伦的乡村，一幕幕被镜头抓取，就有了我想要的景致。

离开自己的乡村，去了哪里生活和做生意？

是的，当年是我们自己带着血汗钱，争先恐后地背井离乡，

[19] 2015 年 10 月，作者在新华网思客专栏发表《幸福该安放何处？城市还是乡镇》。

走进了向往的城市，任由肉身环肥燕瘦。那时的我们乡下人，并不知晓，在政策与资本的助推下，乡镇经济同样可以在改革中发展，可以创造全新的生产关系提升生产力。

空间思维告诉我们，实现一个目标可以有多种方法和路径，不能因为目标实现了就推断方法和路径是唯一的，未必是造句式的"只有……才能……"。臃肿的城市，患上了诸多与衣食住行息息相关的城市病。倘若城市瘦一点，再瘦一点，神清气爽一些，或许更是我们想要的模样。乡村、县镇，一样可以建设得更加如诗如画。

我们需要谈"农"色变吗？

或是闭门上锁，或是残垣断壁，至少十多年以来，走到国土任何一个角落的村庄都随处可见。老宅院里的蒿草，并没有因为我们的离去而改变什么，依旧静静地在风吹日晒中经历着一岁一枯荣。农民、农村、农业，在世俗的五千年里，代表的是劳力、劳作和劳苦。但人们忽略了在工业与科技文明的社会里去思考，时光不可能倒流，农耕的物事已经躺进了博物馆。政治家和经济学家在那里一边叫嚣着要坚守耕地的红线，一边又疯狂地在耕地上堆砌钢筋砂石。他们说，不能再让城里人住回农村去，要给当下农民有保障，何尝又不是他们恐惧那么多的高楼大厦成为空城鬼市呢？用谈"农"色变的诳语，用极端的城市主义，整亿整亿地把生命从青葱田园驱赶进病态城市。

城市不好吗？

我想在英国剑桥的康河畔听半晌乡村民谣，我愿意在埃菲尔铁塔的脚下或在草地上踱步，或轻舟游于塞纳河上；如果能够让我在大西洋岸边、人类最高文明的波士顿看夕阳西下而后进入梦乡……那都很美很陶醉。请不要怪罪我腻烦厌倦了数百上千万几何级人口增长的超大、特大混凝土森林。是的，城市她可以很好，她是人们亲手打造的。倘若不要那么高大、那么拥挤、那么刺鼻、那么光怪陆离，却不堪一击地败给天敌。

贫居闹市无人问？

一个在祖宗坟头的高香和青烟中获得显灵的年轻人，告别了闭塞的小山村，随手扔个瓦片就能砸中闹市里有钱、有权或有才的人，于是有了他的生意和生活。没有人想到，缤纷的街市会比乡村的林荫道有更多的坑洞，跌跌爬爬，稍不留心的他，会在一个个绝望无助的天日里，从城市最高的楼顶跃下，阅尽世道沧桑与繁华。唉，竟有那从未食过人间烟火、祖宗坟头冒了更大青烟的人说，生意的法则就该是弱肉强食、竞争和掠夺。

我是人，可是人间烟火，究竟在哪？

放开我吧，只需要许我手巧、许我神往、许我田园，我就好去食那人间烟火。

还给我们吧，不管是城市还是乡村，都还回来人间烟火，让生者安身，亡者安魂。

科 学

2020 年 3 月 7 日

汉语里合二为一的简称"科技"，把本来完全不同的概念——科学和技术强加组合，这种组合容易让社会文明变得糊涂。

同样是解决问题，科学依赖于逻辑推理去发现，技术依赖于使用工具去实现。制造和使用工具的过程，需要科学。

用斧头砍伐树木，事先了解木质的硬度，使用经过选型的钢材精心锻造斧头，轻松不费力气，则是科学的。倘若拿着一把普通的柴刀去砍伐树木，无论是磨破了手掌，还是耗费了大力气，仍然是徒劳的。

人类的发展，遵循万物与自然的客观规律，则是科学的。果树开花结果，桃树要 3 年，李树要 4 年，杏树要 5 年。投资种植一片果园，期望在什么时间内有什么样的收成，就要提前了解果树的生长习性与规律，做好时间、精力、物力的投入准备。滥用肥料、农药、激素，或许会有心理急需的收益，但往往得不偿失。

科学简单吗？

它很简单，因为科学存在于社会与自然之中，只要人们愿意去思考、发现、践行。

它不简单，存在于三维空间却没有具体的样子，掌握了科学的人，或已经是四维空间的智慧生命。

炸掉大山，围堰江河，消除云雨，照亮夜空，技术都可以实现，但它们科学吗？那要看是否破坏了万物与自然的客观规律，收益获得一个极致，失利是否也会反向极端？

2020年庚子年正月十三的晚上，数亿人在微信朋友圈齐刷刷地发出对生命预警"吹哨人"——一个医生[20]的沉重悲鸣。实在没有任何人去组织，完全是一种无形的能量积聚、一堵无形的高墙长期堵塞在人们心中，被一个生命的消亡引发释放。站在科学的立场，这种现象必然会发生，且会迸发巨大无比的力量，就像辛亥革命、五四运动，最终促成了被压迫阶级成功引领新社会的到来。

越来越多的人感觉到，虽然人类社会的物质变得愈加富有，但各种社会问题似乎越来越极端。也有人说，眼下的问题不可怕，可防可控。只是，社会问题走向极端，是长期形成的，是事物发展欠缺科学观而导致的。罔顾科学，继续用技术层面的工具和措施，问题不过是暂时的积压，仍会积聚而已。

我从事道路交通，是一个存在一大堆社会问题的领域。近期，车联网产业成为重大国策，于是一时间各种"科技"在智能、智慧方面摩拳擦掌。要知道的是，车联网要解决的是道路交通问题，不去理解"交通"、服务"出行"，技术就能解决问题吗？会不会制造出新的、更多的、更加矛盾的问题？

---

[20] 此处说的是武汉医生李文亮事件。

真的假不了，假的总会露马脚。

你在楼下检查工作时，恰巧有送米送油的政府工作人员出现，不曾想整个上空却响起了"假的、假的"不绝于耳[21]……

你在从事假冒伪劣、粗制滥造的经营，获得了利益，不曾想一定会有更多的假冒伪劣、粗制滥造，导致环境灾害、健康灾难而加难于你。

人与人之间的竞争，从来都是同种的、你死我活的血腥，只要存在，就一定不是自然界的适者生存，又何须披上什么主义。、什么经济的外衣。一定要披，那就要讲科学。

科学是发现，求真。

技术是实现，求成。

技术，是有目标的，决定做一件事情，就必须把它做成。

科学，是有前提的，做任何事情之前，要思考：它对吗？

---

[21] 疫情期间发生的现象，政府一边封控，一边在上级检查时刻意嘘寒问暖。

学 习

2020 年 3 月 8 日

当有两种境界：

一为模仿、照着做。

一为理解、想着做。

前者是本能，后者是能力。

站在生存的需求角度，学习是刚需。

也有例外，就是在人生早期的学历教育阶段，会产生学习的矛盾。主要表现在以父母、老师为代表的大人与孩子之间——大人总是希望每一个孩子都能用功用心学习，掌握书本里的知识。孩子并不都会知道，掌握那些知识对自己有什么好处，玩耍才是让身心舒爽最直接的体验。大概只会有两种孩子能够满足大人的想法：一种是大脑可以记忆和理解，一种是对成绩比拼有乐趣。

长大之后，每个人逐渐完全地融入社会，学习的环境和方法被分散开去。倘若再去捧起书籍，那是身心的需求，甚至渴望。去做任何一件事，都会有不同的方法，不再是曾经学校里大家都在过的那座独木桥。

人，是特殊而复杂的物种，通过与同类的竞争可以获得更加愉悦的身心。人的愉悦要依赖于"被服务"和"好环境"，这要靠同类去创造，没有任何物种可以替代。

服务别人，其本质不会令自己快乐；获得报酬，再去购买服务，就会快乐。购买商品的本质仍然是购买服务，商品是劳动者提供了服务才会制造出来。

实现目标的人有两种学习方式：

拜师，是其一。与"三人行必有我师"完全不同，拜师是要获得强于自己的人在兴趣或技能上的真传。自古以来，拜师都是成功路上的成长捷径——师傅经历过的错误、历练出的技巧、理解到的提升，都会因入了门而理所当然地被获得。

研究，是其二。读万卷书，每一本书里都凝结了写书人的见解，未曾拜师，却可师夷长技以制夷。行千里路，能工巧匠的作品都会与鬼斧神工的大自然融汇在一起，任你去领略和研磨。一个潜心的研究者不但会根据规律与趋势预测未来，更会利用规律与趋势造就未来。诸葛亮安军心、抚民心，借东风、借万箭，何尝不是把人与自然研究了个透彻。

成年人该有自己的活法，有所学、有所不学，乃是第三种境界。在兴趣和爱好之上，山水田园之间，知足常乐，与自然和万物和谐相处，理所当然。

成年人实在也有如同孩子一般厌学的时候，那便是"知所以然却非己需己欲"的强灌了。一如草木，水是漫灌了，久而久之，根也就烂了。

学习，实在重要，个中诀窍，要让每一个孩子和大人都知晓。

习 性

2020 年 3 月 21 日

习性在科普的语境中包括三个层面：自然与生物学层面、社会学与心理学层面、哲学与宗教层面。在日常生活中，人们通常会简单地把某个人识别为某种性格。

亿万种生命体的习性千差万别，就像德国哲学家戈特弗里德·威廉·莱布尼茨（Gottfried Wilhelm Leibniz）所说："世界上没有两片完全相同的树叶。"野生的狼不总是凶恶，家养的狗不总是忠诚，看似规律生长的植物也各有各的强弱生成能力。

先有孔子说"性相近也，习相远也"，后有孟子说"人性之善也，犹水之就下也"。具体到性本善还是性本恶，讨论了几千年，其实没有一个真正的定论。

女性生育，把一个生命带到这个世界之时，有她的繁衍本能，也有她的自私和使命。那个新生儿，以一种强大的力量，犹如嫩芽破土，完全不顾及母体的疼痛与危险，只为自己的生来。我们很难定义性本善还是性本恶。

上帝也不曾解决好这一问题。上帝为了种植的果园有所看管，造了亚当和夏娃。上帝又分明知道亚当和夏娃既在限制其他生命自由获取食物，又在被限制守候在果园。上帝同时还知道亚当和夏娃一旦偷食禁果，将繁衍出人类并难以避免苦难，然而上帝又以某种侥幸让亚当和夏娃看管禁果。

科学让我们知道，亿万种生命体都互为食物链，简单讲就是吃与被吃。同时，生命体因环境而适应和生存。人类本也是存在于食物链中，因环境而适应和生存。这样看，苦难并不真正存在于亿万生命体之中。人类之所以感受到苦难的存在，是因为人类有思想文明，不仅仅是大脑意识和神经感知。

面对生存，人人需要杀戮，只不过杀戮的对象、介质和方式不同。面对杀戮，人人又都需要防备。于是，面对被同类杀戮的可能，具有思想文明的人类提出这样那样的解决办法，希望人人遵守。当然不可能人人遵守——且不说很有可能提出或制定办法的那些人就是杀戮者，那些遵守办法的人很有可能因为遵守而陷入生存困境，不得不为了生存、更好地生存而杀戮。

习性如此复杂吗？是的，人的习性变化多端。

也正是因为人的习性变化多端，既是独立个体、又是类聚群体的我们每一个人，都不得不生活在变化多端之中，形成了几乎无关乎先天善恶本性的后天习性。一个人从进入幼儿园的那天起，就事实上在既独立、又类聚。很多人在家庭中，也是既独立、又类聚。心理学认为人的童年无比重要，即为童年是习性的最早塑形期。

在习性的这个层面讲，我们不应把命运归结于习性，而应把习性归结于命运。如果真的有命运的存在，我想那就是出生时的家庭、童年时的环境、青少年时的教育。习性确实会在很大程度上决定命运，但那一定是后来的事。

性 情

2020 年 5 月 2 日

人之初与动物无二，依赖母乳的哺育生存下去。是在后来的成长过程中，在环境与教化中，表现出喜怒哀乐，获取或发泄自己想要的。

性情又不仅仅是一个人的喜怒哀乐，更多的是一个人阅世处世的理解与态度。"真性情"的人往往容易被人接受和交往，也就是性格之中融入了率真与真实。

目之所及，我们社会中人的性情几乎千篇一律，皆因世俗与教化。

面对生活，我们打小能够接受的就是：到了成人的年龄就该结婚生子，爱情、生育都是以结婚为前提的。于是，年轻的男女恋爱就是冲着结婚去的，甚至到了结婚的年龄而没有结婚，是要被嘲笑和讥讽的。又于是，在不成熟的、冲动的、原本不能对一辈子负责的岁月里，做成了要对一辈子负责任的事情，后来难免会发生变异，就成了人们眼中的悲剧。倘若成了两个人之间某一方心理上不能接受的悲剧，灾难或许也就随之而至了。

面对事业，我们带着有朝一日出人头地的情怀，在无数个日子里背井离乡，强忍着在陌生的圈子里一点点往上爬。能够给曾经熟悉的人群带去的，永远是风光无限。太多的典故让我们知道，吃得苦中苦、方为人上人，直到有一天成为人上人之后，才会懂得上面总还会有人——只要"让别人输、让别人服"的竞争氛围持续下去。要知道，乱世里的革命就是流血战斗，盛世里的变革就是创新制胜。人类鼓励竞争的本质，是通过满足人与人之间强弱不和谐的需求，以惨烈的方式推动人类发展。

率真、真实，都是些什么？

我想，就该是我们随心地与习惯的人交往，做着习惯的事，过着习惯的日子，不用在意，也不会有人去搬弄自己的是非；就该是我们永远不会去评价别人的生活与事业的是非，尊重别人的言行；就该是平铺直叙把时间和空间里的故事说个简单明了。

活出真性情，在世俗与教化中认清它们，也是可以的，那便是一种英雄的、自由的勇气了。

情　怀[22]

2020 年 7 月 7 日

2019 年 11 月 13 日，记不清当时出于什么样的情怀，写了短篇《呐喊：雪崩时没有一片雪花是无辜的》发在微博上。就时下的社会问题，发出呐喊如下：

病态的身体往往比打击更可怕，病菌会吞噬、瓦解肉体与心灵的一切，社会亦然。

让我们带着以下的思考，去审视今天的社会问题。

一、"三农"曾经是老大难问题，用城镇化建设而不是同步建设农民家园的方式去解决。产业化与产业过剩的背后是产业工人需求减少，让那么多的农民进城后做什么？服务什么？开馆子、端盘子、泡脚、淘宝、送快递。城市的霓虹与家园的荒废，后者是否也可以鸟语花香？

二、"高架桥被超载车辆压得坍塌了"，难道仅仅是那辆超载车的责任吗？在那一个个路人密集的傍晚夜色下，在那一座座长期超负荷服役的桥梁之上，在那一辆辆重载车辆过往之中，又有哪一组数据与另一组数据不会叠加成高危风险？都不是偶然，事故必然发生。

三、城市的高架桥、那些一亏再亏的高速公路，是什么原因让它们疯狂般地被建造？它们最终的命运会不会是坍塌或是

---

[22] 《科学》《学习》《习性》《性情》《情怀》是一组标题首尾相接的 5 篇组合文章，环环相扣。

炸掉？如果是，那又为什么会大批量地出生？其中会不会很多需求是"砖家们"论证出来的，不得而知。

四、自然资源是民生的根本，一边是肆虐的开采，一边是昂贵的利用，生于土地死于土地的百姓并不曾能够经济便捷地享用。衣食住行本是在冷暖自知之中被需求催生技术与文明。只要没有统治与革命所需求的战火，不要怀疑人们对生活追求与创造的无穷力量。

五、当下的金融是促进生产力发展的产业，还是主要依赖于吃利息的孽障？银行家们会做投资吗？如果不会，他们何德何能保证储蓄的利息支出？生产资料、生产工具、劳动者，在生产关系要素中，银行业该是什么就该是什么，但它不该是吸血鬼。

六、那些由"砖家们"论证而出的"铁公基"庞然大物——不是说不要基础建设，而是要有个正常需求的度——它们改善了出行的背后，瞬间增肥了什么样的群体？而那些庞然大物出生之后，又要依靠什么去支撑它们的亏损和存在？

七、没有一技之长的年轻人走进城市与社会，生硬的劳资关系在瓦解他们与企业、与上级之间的信任，在他们的职业生涯中没有师傅也没有徒弟，只有一方要金钱，另一方还是要金钱。私营企业主在税负之外，要负担和保障劳动者的一切，谁又去保证私营企业主有足够的营收去兑现？于是，不择手段，唯有挣钱。

八、透支 10 年、20 年以上的未来用于买房子，这个群体究竟有多少人？那些从自然中挖掘出来、堆砌在土地上的石料与沙子，真的需要土生土长的人们用一生的力气才能拥有吗？

高额的负债压得他们喘不过气，生命的活力被资本与法律约束，于是他们对金钱的欲望被推高，于是他们向社会索取，于是社会经济在泡沫般膨胀。

九、"学会数理化，走遍天下都不怕"？这句在教育界奉为至上的话，究竟培养出了多少对社会没有科学逻辑思维能力的书呆子？莫言先生的《蛙》获得了诺贝尔文学奖，但是进入了我们的教育视野了吗？无知与麻木，又怎么指望被教育的群体去创新、创造？

十、慈善的本质是扶危济贫，是一种社会风气，它不应仅仅是"富人为仁"。真正的富人之仁，是贡献于社会，面向社会问题去做仁义之事。很难想象，那些建立在透支百姓10年、20年以上未来的财富，那些肆意"消费"数亿弱势群体红利的财富，拿出一丁点儿捐给一小部分人，用杯水车薪的方式去描绘万绿丛中一点红，是真正的慈善吗？

经年累月而病态的社会，比瞬间敌对爆发的战争往往更加可怕，两者叠加则注定灾难。有病，得医，健康的指标都在那儿。

便是鲁迅活着，怕是也写不出什么好文章了。我不是鲁迅，写点感言罢了。

发出一声呐喊：雪崩时没有一片雪花是无辜的。

你双 11 网购的，可能是快递小哥的性命

2020 年 11 月 8 日

在网上看到一个帖子：《快递罢工潮！"双十一"包裹堆积如山，快递员不堪罚款大逃亡》。没日没夜地派件，没有休息时间，派一单赚不到 3 毛钱，时时刻刻担心被罚款……全国的快递小哥们都快忍受不了，筹划着辞职跑路。今年以来，有公开报道的快递网点罢工 23 起，未见诸报端的更数不胜数。随着"双十一"的来临，这种情况就像倒下的多米诺骨牌，在全国多地蔓延。打开抖音，搜索"快递罢工"关键词，你会发现不同地方无人分拣的包裹堆积如山。

或许那样一起惨烈的交通事故已经被人们忘记：2015 年 11 月 25 日凌晨 5 时 50 分许，104 国道温州乐清市路段发生一起交通事故，一辆快递车与一辆轿车相撞起火，当场造成轿车 5 名司乘人员 4 死 1 伤。

在每年 11 月 11 日之后的一段时间内，全国各地各种类似的快递车辆交通事故新闻报道，屡见不鲜。

2015 年 11 月 11 日"天猫双 11 全球狂欢节"，当天阿里巴巴旗下各平台总交易额达到 912 亿元。而到了 2019 年双 11，天猫的销售额达到了 2135 亿元。这也仅仅是来自一家商业企业的数据，之外还有京东、苏宁……

看似偶然的一起交通事故，也有它必然的危险诱因。为什

么在每年 11 月 11 日之后的一段时间里，会有多起快递车辆集中发生道路交通事故？个中诱因其实显而易见。

从几千年沉睡中醒来的中国，以四十年左右持续高位的经济增速给人们带来了前所未有的物质快感，无与伦比地刺激着每一根神经。最初，摩肩接踵涌向北京、上海、广州、深圳打工的热潮，创造了数亿农民工挤春运的奇观。在拉动中国经济的投资、消费和出口"三驾马车"中，以激发集中消费而设立的黄金周里，或穷或富的人们攀比着蜂屯蚁聚般在高速和景点花钱买罪受。互联网来了，年年都有的普通四个"1"组成的日子，成了单身者们在网络上情绪宣泄和调侃的主题日，而后被商家发掘利用，鼓励单身者们在没有爱情的日子里把金钱拿出来消费，于是演变成了今天的购物狂欢节。在鼓励消费、开放自由的市场经济里，节日由政府的阶段性政策引导，逐渐形成了商业的利益性包装。

物极必反，事物的发展应当首先遵循多方面实际承受能力的原则，否则会朝着相反的方向转化。过度包装的集中消费节日背后，缺乏对劳动力、物流、品质等服务支撑力的估量，自然会引发一系列社会问题。为了把双 11 那天的销量做到极致，工厂、商家在微薄的利润下依靠销量求生存，几乎没有办法去尊重劳动者权益和坚守精工细作的品质底线。为了把双 11 的集中购物快速送达消费者手中，没日没夜加班加点地安排物流人员超负荷工作，辛劳疲惫的快递员不堪重负而辞职或罢工，货运车辆驾驶员疲劳驾驶而引发死伤。双 11 狂欢购物节不一定是导致社会问题的必然，但一定是重要诱因。如何让社会经济秩序向着有规律的方向发展，值得人们从问题的发生和表象深思。

千百年来，泱泱大国的中华民族历朝历代都不缺乏"运动式"思维和行动，更不缺乏学富五车的管理者和学者们对治国治学的锦囊妙计。治大国如烹小鲜，所指的就是凡事不能过头，也不能缺位，应当循序渐进、有条不紊地推进战略和计划，在有规则秩序的环境里发展。

就双 11 狂欢购物节而言，值得思考的社会问题是：在 24 小时之内数以千亿计的巨大消费数字实现之时，在国人购物、旅游、出国显示出极端不缺钱的任性表象之下，为什么社会的道德、法律、分配这三大机制没有跟得上经济上升的态势而广受争议？如果能够切实按照处处以人为本的理念，在社会经济、文化、环境等方面建立健全发展体系，不焦不躁、有规律有节奏地一步一个脚印向前迈步，促进生活幸福和谐的指数像芝麻开花节节高，水到渠成。

试问消费者们，你们真的需要狂热地进行储藏储备式集中消费吗？更要问的是网络商家，你们拿什么去保障快递劳动者的工作权益和人身安全？

微小说：决不辞职

2021 年 8 月 22 日

某老哥：老弟啊，现在当大哥的既难且苦，真正在做公仆。

某老弟：老哥啊，那干脆辞职！

某老哥：谁敢？但凡辞职就要经得起审查。

某老弟：难怪，再苦再难不辞职，再大的问题事件也不引咎辞职。

某老哥：老弟你忙，我开会去了……

表嫂投资买了房

表嫂打工15年的老板跳了楼

2021年10月26日

表哥和表嫂夫妻俩很勤劳，在大城市郊区一家研发、制造压路机的公司打工了15年。10年前首付了一套房，一家三口住得很宽裕，前两年贷款基本还清了。

随着夫妻俩工龄的增长和技术的熟练，再加上招工难，压路机公司老板开出了比较高的工资，省吃俭用一年下来两口子能存下四五十万元。年初的时候，握着百来万存款的表嫂就想买房——她看着自家的房子增值了很多，别人家多买的房子也挣了大钱。

其实，压路机公司老板这两年效益并不好，竞争激烈、原料涨价、工资支出高，还得依赖银行贷款支付利息。屋漏偏逢连夜雨，一家银行不给续贷，老板急得如热锅上的蚂蚁。四处借钱无果，就想着老员工们能否帮助顶一把应急周转。老板清楚，新技术的压路机市场在一大大变好，过了这段全社会天灾人祸多的日子，就能立即好转。

老板跟表哥谈了实情，想着十几年的交情，夫妻俩还要工作下去，一起扛一扛，肯定没问题，表哥也表示回家商量试试。

表嫂带头骂开了表哥："我们的钱存银行有利息，买房子能涨价，借给老板，他现在这样，破产了我们跟着就完了。不能借，你去说，钱被老婆存在银行定期不让取。咱们这钱，下周我就去把新开盘的房子买下来，放那里，闭着眼睛都能挣钱。公司倒了怕啥？没工作也不用怕，房子涨着呢！"

表嫂如愿以偿买了房子。

老板身心俱疲跳下了楼顶。

这就是社会——实体经济解决了就业、富裕了劳动者，劳动者没有把哪怕一分钱回流给实体经济再创新、再生产，劳动者们不停地买房、再买房，不亦乐乎地存款理财、再理财。

指望银行和资本的实体经济，永远像只风筝，线一断，就丧命。

劳动者真的就永远快乐吗？实体经济倒下，失业潮到来，劳动者的饭碗里总不能靠着拆那些空置无用的房子，取出砂石当饭吃。

有些人的生意，是生计

2021 年 11 月 26 日

晚上的这个点了，几度的气温，街灯下三五分钟才会有匆匆而过的骑车人。那些呼啸而过的轿车，绝不会停下来照顾路边的生意人。

只有我，悠闲自得地走过河岸，再步过河桥，紧挨着停靠在路边的两辆人力平板车。一辆上面是烧饼炉子，略显憔悴的老人翻转着烧饼，故意让芝麻香味散开在空气里，嘴里隔一会儿喊一喊"好吃的烧饼噢"。一辆上面是多彩多样的水果，四十岁开外蓬头垢面的男人，双眼盯紧了路人，交换着他的欲求。

我回了头，三五步驻足在我曾经早年为之谋生的水果摊前。我对烧饼没有食欲，尽管老人也用眼神把期待给到了我。

“给我削根甘蔗。”

我对于蔗糖的味感，要么是基因赋予的，要么是在乡下童年的日子里就赋予的，总有极甜的心旷神怡。

“你要甜些的，还是一般的？”男人莫名其妙地这样问我。

“你这话说的，难道买甘蔗还有人要不甜的吗？况且，你批发来的这整捆甘蔗，你能挑得出哪根甜、哪根不甜？真要有这本领，你也别卖水果了，去做鉴别专家吧！”

我调侃他的时候，他已经取了一根甘蔗，手起刀落砍掉带叶的梢头，一手抓紧根部，一条条棕红色的甘蔗皮掉落竹篓里。

“那是那是，你说得对！”

他没有再多的话。

街灯的光泛黄，却并不影响平板车上八盆草莓干瘪、糜烂的样子。这些草莓，鲜香在采摘那一刻对得起种植的主人，却在忽冷忽热的售卖路途里辜负着让它增值的男人。该是上有老下有小的年纪，是多大的重担让他仍然舍不得扔弃几乎不能食用的草莓呢。

“你为什么要进货这么多草莓呢？这忽冷忽热的天气，一旦当天卖不掉，就让你亏大了。”

“是的。可是这个季节卖水果，不卖它也不是事啊。想着多挣点，哪想到今天一盆也没卖出去。”他的语气里有些无奈。

“做点小生意不容易，你不能贪心，以后要少进容易坏掉的货，虽然可能多挣一点，但是损失风险很大。”

“我再买你几个柑橘吧，只能帮你这样了，看着你这一车水果，我都替你着急。”

“谢谢谢谢！”

“多少钱？”

“27 块。”

他熟练地举起二维码小牌子，我也熟练地打开手机扫了一扫。于是，我账户里的数字，完成了一次路边摊急需的交易。

有些人的生意，是生计。

官不要跟民斗，斗则必败

2021 年 12 月 31 日

有些官文，为了发文而写文章，是体制的最大悲剧；
文章内容的诡辩，则是学术的最大无耻；
向某种要求低头和屈就，更是学者的一生耻辱。

奉劝某些领域诡辩和自打脸类的官文不要再写、再发了，认认真真、踏踏实实做创新研究，把百万级每年伤亡的道路交通事故降下去，才是天地良心。

有人认为，民不要跟官斗——那是老皇历了。我却以为：
合则双赢，斗则两伤。官源之于民，民爱之于官，民与官斗不过是伸张正义，官与民斗却是逆天行事。

不要用语言把对方变成囚徒

2022 年 1 月 9 日

语言可以沟通，语言也可以交恶，要看使用语言的彼此是否有着同一方向的需求。

马斯洛构建了人的五个层次需求：生理、安全、社交、尊重、自我实现。

实际上，每个人都不外乎三大需求：生理、心理、所事。因为有需求，因为彼此交付了需求，进而产生依靠，需求与需求所构筑的人与人之间的关系，其发展的质量往往由语言决定。

相爱相许（包容）；相爱相杀（针锋）。一定是相爱的一方或双方没有认真进行语言沟通，把需求暴露给对方。

有夫妻二人共同经营一家公司，时常会用语言争吵到狠话边沿，能撂出的狠话都撂出来了，那一刻恨不得对方瞬间死去。便会有人就这种现象说，距离产生美，夫妻最好不要在一起工作或共事。却忘却了还有更多相濡以沫的夫妻在一起把家庭、事业经营得很远很远，也有共风霜、共暖阳的男女因为工作、经营走到了一起，走得很远很远。

也有夫妻在极其激烈的语言斗狠之后走向穷途末路，分道扬镳，却在未来的日子里，由于孩子成长方向、利益归属的共同需求，不得不放下该恨的恨，平和地使用语言。

在人类生活中会有一个奇怪的现象：彼此交往的两个人，哪怕是夫妻、兄弟，谈到金钱时，容易将一方代入情绪，另一方代入叵测。而去具体地谈物质的时候，就会好很多。难道金钱与物质之间，不是一个概念吗？那是因为人们通常把金钱只看成了金钱，忽略了金钱只是物质的一种数字价值形式而已。

金钱会具体地装在谁的口袋里、存在谁的账户里，即便人死了，也会具体地交给自己的继承人。物质就不一样了，物质是永恒的，即便放置在谁的家里、院子里、田地里，也不过是相对的存在，不一定就是谁独自享用。比如院子里的一盆花，所有路过的人都可以欣赏得到；再比如屋子里的一把椅子，谁进来都可以坐下。这大概是人们对金钱和物质存在的心理差异，于是金钱有了"万恶论"。尤其对那些内心清高的人，绝不能随便谈钱，谈钱色变，谈钱语言变。你要是跟对方说，把手表借我戴几天吧，哪怕那只手表比较昂贵，也不会有什么问题。

我们常说，认清事物的本质，就能掌握事物的规律。说起来容易，做到何其之难。

我们很多时候，连自己的真实需求都讳莫如深，都不愿意曝光给最亲近、最值得信任、有着共同需求的对方。或者是，一方愿意言表，把真实的需求告诉对方，换来的却可能是"付出就要有所求"，进而产生不满，产生不被尊重感。

语言失去了沟通的功能，很容易会发挥语言的另一功能：交恶。

在短短几十年的人生时程中，茫茫人海里能够因为共同的需求走到一起，是极不容易的。倘若是因为某些不可逆或不明智的变故导致了分离，而又因为互补、因为命运、因为需求走到了一起，那就更不容易了。

使用语言进行沟通，固然是好的。当使用语言导致了交恶，各方都可以静下心来想一想，还能够建立或存在共同的长远需求吗？倘若可以，那就继续沟通。

要相信，所有的爱，都是真诚的，都是结缘。所有的恶，都是虚伪的，都是假象。

一言不合，恶语相加，一方就成了另一方的囚徒，自己也成了囚徒。共同的初心所向往的需求，还可以持续地追逐美好的事物，使之不至化为乌有。最为重要的是，并不会因此不再有需求，其实仍然需要再去与新的某个人建立需求联系。

站在对方的角度，站在彼此需求的角度，就没有什么不可以沟通。

结，可以结死，也可以结活，先把需求交付、曝光，再去结。

人有三念，星河不及魂念

2022 年 1 月 16 日

人们经常用"心心念念"去形容自己对某人或某事的唯一聚焦和牵挂，也会说"我已经不受自己的大脑支配了"——这说明在大脑之外还有意识形态；还会说"我的魂都没有了"，以表露身不由己的无可奈何。

确切地说，人有三念。

脑念

脑袋装下的智商和情商，都是人的机体智慧。遗传基因给了一个人与生俱来的脑念，比如好动、好说之类。成长过程中的学习、体验会积累存储脑念，比如博学、老农之类。生活中遇到的事物、事件会训练和丰富人的脑念，比如思想家、学术专家之类。

一个人通常的喜好、厌恶，是脑念在决定。

心念

区别于脑念的是，心念不具有遗传性，也不像脑细胞、脑干神经那样可以被医学解剖所研究。即便是心理学，也只是建立在想象力上，没有解剖学作为基础物理学的支撑。

把所生的孩子当作心肝宝贝，愿意交付包括生命在内的一切，这应当是血缘固有的心念。此外，最让人费解的心念，就是爱情了。那些只凭脑念的喜好去爱一个人的，会很不靠谱。而对异性有了心心念念的，就不再简简单单是喜好了，一定是彼此双方因为多种缘由互相释放了多种说不清道不明的信号。倘若 10 年、20 年甚至更久远的彼此心心念念，大概就是古今中外名人名著名言之下的"真爱情"了。

一个人排他性地爱上谁、想交付，是心念在决定。

魂念

魂究竟是否存在？无论科学是否研究或定义，伴随人活的一口气的，就是魂。

动物也是有魂的，荒原里野狗追猎野兔，野兔拼尽力气超能地奔跑，是野兔的魂——也就是一口气——在发挥作用。

之于人的魂，没有医学，也没有心理学，民间谈论的是"鬼"，科学给到的是"玄"。

我亲眼见到过，死去三两天的朋友（男）的魂，附在了一起熟悉同玩的朋友（女）身上，样子、神情、言行就完全仿真了死者。我想，那一定是死者对生的不舍，把那口气寄托给了可以寄托的人，被寄托的人备受折磨而身不由己。

魂，就是人的一口气，具体可以用"意志"去看待。意志不清的人，不是脑子出了问题，是魂出了问题——要么是气若游丝濒临死亡；要么是肉体病残有气无力；再一种就是特别的事件特别的时刻心心念念某个真爱的人。

心心念念一个人、一件事，就像一块石头压在心里。用心如磐石形容意志坚定不可动摇，实际上，是魂被压在了那块石头下面，或搬走或温融，影响到人的是那口生死之气。

人的脑念决定喜好，反之亦然。

血缘、爱情会产生心念，反之亦然。

人和人、人和事，会产生魂念，久而久之，魂念的意志会产生无穷大的作用力，大事业、真爱情就是这样来的。

从火山爆发谈人类自由与和平共处

2022 年 1 月 17 日

当地时间 1 月 15 日，南太平洋岛国汤加，当量于 1000 颗"小男孩"原子弹的洪阿汤加（Hunga Tonga）火山爆发，引发海啸。在现代网络通讯文明时代，汤加岛国十万人全部失联。

两年前，2020 年 1 月 12 日下午，菲律宾塔阿尔（Taal）火山爆发，犹如原子弹爆炸的石破天惊之后，将该区域带入"荒凉无人区"。

这不是祸不单行，火山、地震、病毒跟风霜雨雪一样，是必然出现的自然规律。

相较于人类有记录的、当量于 50000 颗"小男孩"原子弹爆炸的 1815 年印度尼西亚坦博拉（Tambora）火山爆发，近年来的火山运动不过是地球发怒的星星之火。

火山、地震，是地壳运动的表现形式，会导致海岛、大陆架的形成和变化。

如果用和平共处作为人类文明的定义，科学与技术的发展似乎并没有将文明赋予人类社会，反而是竞争和战争给更多人带来灾难——这恰恰是科学技术的作用力。另一方面，面对地球"性情"的灾难，人类尚处于束手无策、坐以待毙的弱小状态。

有人说，人类的命运各不相同。比如地震频发的日本，日本人的祖先定居于此，之后带给日本人的只能是面对无常的自然灾害和恐慌，直至毁灭。

"国家"的地缘政治出现、维持、加固，使得人类命运的各不相同变得更加确定。只有同在那个充满无数不可逆自然灾难的时间和空间里生活的人们，才会有共同的感知：生命其实不由自己或他人做主，随时可能会被积聚能量而咆哮的天、地、海"性情"吞噬。

既然生命并不是被谁主宰，也不是什么自然而然的生老病死，那就让生的每一刻都具有质量，共同拥有质量。这可能是那些岛国、沙漠国等自然条件恶劣的小国家，其人居生活理念和文化区别于绵延数百至上千万平方公里大陆国家的根源。后者往往信奉"人不为己，天诛地灭""此处不留爷，自有留爷处""天大地大，家大业大，强人一等"的观念。前者的普适价值观，自发形成的是社会公益靠人人，是广结善缘，并且他们持续将自己的普适价值观向全世界"传教"，以获得更宽广地域范围的融合与发展机会。

距今 2500 年前的那段新的农耕文化形成期，出现了孔子、苏格拉底、释迦牟尼等中西方圣人先贤，他们的传世圣书圣语，影响着各个地缘政治社会的家国民生，被历史记载得历历在目。

人类的命运果真各不相同吗?

1815 年印度尼西亚坦博拉火山爆发，直接导致日月星辰的自然现象变化，地球进入寒冷期，物理变异，大约1216万平方公里的中国也没有例外。当时的清朝嘉庆年间，6月天的长江以南会下起鹅毛大雪，愚昧、苦难、无奈、愤怒的民间以为是上天悲情于"鹅雪之冤"。天荒绝收，民不聊生，饿殍遍野，四下农民起义成为朝臣必须应对、惯用镇压的局势。

本来无冤情、小冤情，作用力与反作用力两相抗衡之下，继变为多冤情、大冤情。兵部丢了大印、御花园成了羊圈、贝勒爷沉迷大烟误了科举大典，这等笑话，嘉庆皇帝只得认怂。朝廷逐渐衰落，国库日渐空虚，直到百姓自愿为侵略者带路进城。

今天，历史的笑话已经被科学所解释，人类的命运其实大相径庭。灾难会变成现象，随着时间与空间推移，没有人、没有家国可以幸免。

纵观历史，横看全球，地缘政治意识形态之下，科学技术并没有把基于"和平共处"的文明带给人类社会。人类只不过在不断地利用所掌握的科学技术开展更大范围、更多更久的实验，创新、竞争、战争，周而复始。

人类是自然界的物种之一，地球属于全物种，物种自由的规律应当回归人类，人类自由、和平共处才是最大最根本的科学文明。

底层的爱

2022 年 1 月 28 日

云朵总是飘忽不定，只不过是今天的气温高了点，就违背了落雪的誓言。它习惯性地飘飘洒洒地落下雨滴，期待中银妆的满目不再出现，瑟瑟发抖依旧。

再过两天就是大年三十了，兄弟们的聚会难免要经历整个腊月的熙攘，还要留给正月里期待。酒量少是少了点，酒后开车还是不可以的。

代驾师傅熟练地开上我的车子就出发了，直觉告诉我，讲故事的机会来了。师傅也很乐意，我想他也是不由自主地进入了我社会调查的语境。

师傅告诉我，他 1968 年生，虚岁 55 了。我把眼睛朝向他，松弛多皱的黄黑面庞，还有爬上顶部的白发，印证了至少是这个年纪。他是地道的南京人，代驾是他唯一的谋生手段。每天从晚上七八点到清晨的四五点，算是工作时间。年根子，酒客较多，一个通宵可以有五六百元的收入。旺季和淡季均衡下来，口袋里一年装上七八万是有的。他很自信，硬朗的身板，干了四五年了。

这不苦吗？你通宵达旦挣钱为了什么？出于对社会调查的业余兴趣，我于是攀谈。

为给儿子还房贷而挣钱。

虽然是土生土长的南京人，住在主城，没有机会像郊区居民那样通过拆迁发财，只能攒钱给儿子娶媳妇。彩礼基本不需要多考虑，最重的是房子起码要 200 万，还有酒席，女方办酒席的钱需要男方全部出。师傅的目标是给儿子承担偿还 80 万房贷，还有酒席，总的大概不到 100 万。照目前这样省吃俭用，干到 60 出头能完成任务。

师傅谈到他的儿子，面部呈现出欢愉的神色。儿子在铸币厂上班，环境好，上下班准点，工作不需要像师傅这样拼，一个月好的时候七八千，差的时候五六千。他说，下一代人活得舒适，自己苦些累些，是应该的。

雨滴还在，路灯下丝丝缕缕，迷离我的视线。行进的车子平稳，让我打心眼里想雇他做专职司机。师傅说他们这种代驾，不可以出任何一起交通事故，平台实施零容忍，出一起事故就立即封号，失去代驾资格和挣钱机会。万一出了交通事故，想尽办法也要与车主协商私了。

一段叙事，我却不由自主地代入自己。曾经亲历的那些底层社会生活，不曾有机会留下任何影像，却历历在目，刻在心间，深藏在记忆里。

要相信爱，相信爱的温情和力量，所有的努力和付出，换回心头的幸福。有苦味的爱，会有甜心。爱情亦然，真爱必苦。

一个挺俄，一个挺美，夫妻俩闹掰了

2022 年 4 月 12 日

老公在体制内单位工作，平常都是各种忙前忙后盯着考核指标，趁着这波疫情"动态清零"，单位让居家办公。爽歪歪，打游戏、钓钓鱼、喝喝茶、看看书、自然醒，工资不少拿。一直在体制内，他坚信组织号召，封控居家办公时间久一点没啥；他也坚信报道宣传，中俄关系要密切，中美关系要对抗。

老婆在民营企业做高管，平常都是忙创新、忙营收、忙发展，两年多的疫情影响连续亏损，这一波 Omicron 病毒"动态清零"更是雪上加霜，导致项目停工、工厂停产、物流中断、营收为零。员工要么没事可做，要么极低效率消磨时间，薪水、社保、房租等一样少不了，入不敷出，眼睁睁看着只能等死。

民营企业没有现金流就不能贷款，政府补贴杯水车薪，信谁都不如信自己。多年来，中美关系友好给实体经济带来了实实在在的好处，科技产品应用好处多多；贸易战则是血淋淋的两败俱伤。客观来讲，俄罗斯侵略乌克兰是前车之鉴，柏林墙使东德穷困，板门店落后了朝鲜——和平稳定的国际形势、科技生产力日新月异，才是民营企业发展的最佳环境。

公说公有理，婆说婆有理，实在无法对话。

高铁票报销"烦"背后的垄断霸权

2022 年 6 月 24 日

尽管全社会已经进入了数字化时代，财税政策数次改革，很多消费发票都可以电子化打印，然而那张淡蓝色的高铁票依旧独霸天下。经常出差的人都有烦恼：必须在取票机或窗口排队打印；必须使劲涂抹胶水粘贴报销单据；必须确保不要丢失。

经历过胶卷相机、磁带录音机时代的人大多知道"柯达""乐凯"，柯达因胶卷技术落后导致企业倒闭而销声匿迹，乐凯却另辟蹊径，悄无声息地在高铁票上大放异彩。据央视财经《第一时间》2017 年 4 月 24 日对中国航天科技集团中国乐凯总经理的采访报道：目前市场占有率基本上接近 100%，这种磁票年产量基本上就是 14 亿张，基本上每一个中国人每年都要用一张。

淡蓝色高铁票专业的名称叫热敏磁车票，最初普及是为了实现自动售票、自动检票、自动记录乘车人的信息。

随着内含无法复制的 RFID 芯片（非接触式 IC 卡芯片）的二代身份证出现，网络化、数字化技术结合应用，"机读"刷身份证就能更加便捷地出入高铁站。

问题来了：既然凭身份证、无纸化就可以乘坐高铁，为什么不能像其他消费一样，电子打印纸质高铁票用于报销呢？是不是背后的垄断霸权在作祟？不得而知。[23]

给老百姓行个方便吧！

---

[23] 文章发表之后 1-2 年间，中国高铁票改革为可以自行打印用于报销。

强权之下无公理

2022 年 7 月 17 日

穷狠穷狠，贫弱群体很是喜欢有着无赖基因的老祖宗一句话——"光脚不怕穿鞋的"。于是，把活下去的需要当成了不择手段的恶理：错将饥不择食（饥饿时就不挑拣食物）当成饥饿时就不择手段地抢食物；错将穷则思变（穷困了就要想办法改变现状）当成穷困了就掠夺别人的成果。

我们知道，人类是从烧杀抢掠的丛林、战争中走过来的，饱尝艰苦的人们一代又一代建立规则、法则，成就了以创新技术发展生产力的竞争模式。科技文明、商业文明、艺术文明进而成为世界上层发达社会的主流，构建于规则之上的能者文化、自由理念，被人们推崇、向往。

打两个比方。

其一，本分的种植专家，悉心多年育苗，改良出味甜多汁、营养丰富的新品种水果，还一处一处挑选山头，开荒、改善土壤，使其适应大面积栽培。辛勤照料出的新品种水果终于可以推广到市场销售，以获取利润收回以往的投入，再扩大种植面积满足大众健康需求。

会有人，只因为饥饿，不仅偷偷地采摘了专家的新品种水果充饥，还想方设法不花钱或花小钱获得了果苗，在自家贫瘠的土地上繁育。如此产出的水果，外观看上去没什么两样，实质口感养分大打折扣。专家哪个市场推广卖得好，饥饿者就挑着水果在那里吆喝着所谓"质优价廉"。无非是让不明真相的人一时图个省钱，尝个鲜之后，却难免对这样的新品种嗤之以鼻不再购买。短期利好了饥饿者的小钱，却大伤了专家的心血付出，延长了用户好口碑形成的时间。

其二，多少年才能成就一个贝聿铭式的建筑大师？答案是可能需要 300 年甚至更多。不信的，可以去寻根溯源每一位巨匠大师、科学家的祖上生活与事业。一幅名画，一句真理，一部著作，一项专利，一本图纸，一件新品，无不是积累了数代人或是一代人的毕生精力，得以成为至宝。背后是思想的智慧变成了物质的价值，而智慧的背后更是无尽的成本。

却有人，只因为贫穷，就照葫芦画瓢模仿复制，甚至以某种地域主权为理由大言不惭地称为"自主原创"。说到底，不过是"窃取"。

当饥饿者、贫穷者不择手段抢掠可以招摇过市的时候，他们却无知地不知道，是谁在践踏人类几千年进化而来的创新和竞争文明，给了他们恣意妄为的空间。如此，恶因育出恶果，恶果又生恶因，周而复始，损人不利己。

不学无术多痴痞，强权之下无公理。当一个特定的社会失去对技术、智慧的敬畏，休想还能有什么公平公正的法律、自然规律的科学。强权土崩瓦解之时，就定是众生惶惶、灾害当头的日子。

孟姜女之哭，长城应是秦朝后人的耻辱

2022 年 10 月 3 日

秦皇岛市往西北，出山海关约三十里可到望夫石村，乡亲们修建了孟姜女庙，以纪念孟姜女哭长城的典故。相比更多的中国神话故事或民间典故，孟姜女哭长城这个版本更加有史可依、有迹可查，绘声绘色讲述了善良的弱者以不屈之心、坚贞之行抗议暴政强权。或是修筑工事的质量问题与天气灾害，在孟姜女三天三夜的恸哭之际，八百里长城倒塌，于理并非没有可能，于情则是天理难容的因果报应。

秦灭六国，统一中国，泱泱大国至今，绝大多数人都当属于秦朝后人。朝代如何更迭，不过是权力之间的交替，黎民百姓仍旧代代相传，以真善美诉求山水生活之乐。

万里长城是什么？是军事设施，为防御来犯之敌。

一道万里长城，即便防御得了匈奴侵略，就能够让黎民百姓免遭苦难吗？显然不能。嬴政统一六国之后，坐拥兵权滥施淫威，建长城、建阿房宫、建兵马俑、焚书坑儒、求长生不老，足以证明秦朝的中国是嬴政秦始皇的中国，民间国人不过是封建统治下任意使唤的劳动工具。

倘若当时不建长城，嬴政需要采取的措施必定是团结民心、训练兵力，以强大的综合国力让外敌不敢侵犯。这样做显然需要劳心劳力，更要善待百姓、廉政治国才有可能实现。相较之下，建了长城，外可无虑来犯之敌，高枕无忧；内可剥削压榨千万黎民，作威享乐。

万里长城在当时有什么益处吗？要是换作当今的说法，属于"大基建"，约5%的总人口、10%以上的青壮劳力有了新的就业岗位：烧砖、运砖、砌墙。要知道，人的就业，是通过劳动力换取收成，并且要有溢出性价值收成，换取并为病老残年储备柴米油盐等生存必需品。当人们的劳动力付出转化为万里长城那样的军事设施，人们仅仅在过程中获得了赖以充饥果腹的食物，之后不仅不能得到收益回报，而且还需要投入人力物力财力去维护设施的可用功能，这一定会导致人为的民生灾难。

万里长城是什么？是秦朝人民的恨，是秦朝后人的耻辱

。

如果把万里长城树立为秦朝后人的精神图腾，秦朝后人一定会周而复始成为千千万万范杞良、孟姜女，任由当权当政者滥施暴政危害民间。世道因果轮回，尽管嬴政那样的暴君可以交付由上天惩治，但黎民百姓应当知道自己就可以是那个"上天"，可以替天行道，而不是委曲求全、千依百顺，最终落得个引火烧身、无可奈何。

我们喜欢孩子的是什么？

2023 年 1 月 4 日

刚刚，我跟几个朋友发起一个话题：我们喜欢孩子的是什么？

有两个中学生：

王同学喜欢篮球导致学习成绩不好，父母坚决制止他打篮球，要求他提高学习成绩，最终一切荒废。

李同学同样喜欢篮球导致学习成绩不好，父母索性把他送到体育学校，后来这个孩子打篮球比较成功，在成年之后用心投入学习，也获得了比较好的学业机会。

为什么我们不能给孩子时间，让他有的方面先学，有的方面后学？

为什么要求孩子在同一时间学会所有知识，至少必须在年少阶段掌握文学、数理化？

为什么难道孩子就不能在 18 岁、20 岁、25 岁、30 岁边实践边学习更多知识？

孩子哪怕喜欢弹弓，先让他成为"弹弓王"，不香吗？玩弹弓的背后是多种感知能力和技巧，不应当定义为"不良"。

结合自身，我曾经年少时也因为一时的所谓"不良"喜好毁掉了学习成绩，导致初中辍学，回家做另一件喜欢的事：种菜、卖菜、挣钱。后来二十几岁、三十岁开悟了很多道理，又加强自我学习，获得了很多知识和再学业的机会。

关于孩子，我们究竟是喜欢自己的孩子，还是喜欢孩子的学习成绩？

毕竟，孩子是我们、是全社会的未来。

2023，人类社会进入新周期

2023 年 1 月 17 日

人类社会进入过数次新的周期，有属地化的，有全球化的。比如海洋与大陆分崩离析让人类咫尺天涯，比如种植养殖技术让人类务农，再比如一战、二战、柏林墙建了又倒掉，以及秦灭六国、南北战争，等等。会有后人根据发生过的历次事件，进行类似时间线、空间线、人物线的推敲，以证明自己的超能力与众不同。还有少数人，能够通过万物的运势推敲未来，成为真知，诸葛亮就是这种少数人。

云层厚了会落雨，云层薄了天会放晴。由于一代又一代人的无知，成就了一代又一代人的新发现。

就 2023 年来说，实在没有什么特别的，完全是日月星辰交替运转，该来的就来了。不论距今 10 年前、50 年前、100 年前、500 年前发生过什么，再发生类似的事件，也不至于是巧合或者玄机。近几年发生的大事件小事件还在发生着，就像生铁放进炉火一直煅烧就一定会火红、液化，变成红、变成火、变成液，就是生铁的新周期。

2023 年的特别之处，就在于人类社会注定进入新周期。

私权利是每一个人的最低生存需求

2023 年 1 月 23 日

私权利，是指每一个人通过社会公允的劳动行动所获得的物质（或者物质交换的货币）及其衍生权益，拥有绝对可使用支配、可世代沿袭继承的权利。同时，每一个人还应当一出生就拥有相应平均分配的土地，至少可以通过在土地上的劳动来居住和生活。

人类群体不断壮大并出现统治者之后，不同的统治者采用划分地界的形式建立特定群体的统治机构。于是，统治者们为了统治的稳固长久，制定出多种多样的规矩、制度、主义、思想，成为定义下的名词和内容。久而久之，被统治的人们有的获得了规矩的利益，有的形成了规矩的习惯，有的想去改变规矩，人类社会逐渐变得复杂。

一个人的最低需求显然是生存，倘若这个人也想获得领导或统治，需求会逐步提高。作为一个统治者，如何让民众顺从、劳而无怨？答案无非两种：一种是予民以私权利，让每一个人的劳动有所归属、有所传承；一种是剥夺私权利，以规矩和强权驯化顺从。历史一再证明，前者长治久安，后者祸患无穷。

私权利，从来都是每一个人最低的生存需求，也是一个社会最基本的文明刻度。

人类史实质是荒诞剧

2023 年 5 月 23 日

飞机降落时，是整整凌晨 2 点。满目的助航灯光、城市与生活照明，除了人类，其他生命都会讨厌并远离。

真实的自然界是不会也不应该有灯光的。造物主把一类安排在阳光之下，一类安排在月光之下，还有一类安排在土壤之间。

有一次和我同坐的是副省长，我们陌生攀谈。他去考察，他去走红毯，他去发言，他说那一切其实都是假象，包括莅临现场的他自己。

再有一次和我同坐的是心理学导师级的大名人，他有着一张正剧型的救世的脸。那夜滂沱大雨，降落前我问她："有人接吗？"她稍打了一个盹，说："没有。"我把她送到郊外别墅，偌大的家院里，主角是一个保姆，迎接了她这位过夜的客人。显然看出她满脸的疲倦里写着无人知晓的不堪，却又常常扬起嘴角说道："众生。"

生意人最难熬的，是那些缺钱的日子。银行的贷款到期了，必须还清。借朋友的钱到期了，必须还给朋友。信用只有一次，一如生命只有一次。做企业只得如同摊大饼，面多加水、水多加面，没有订单找订单，订单多了招员工，员工多了缺订单，老板像一只在杯口壁沿爬行的蚂蚁，一直爬啊爬，看不到尽头。

只需几分钟或者几秒钟，我伫立在街口，物是人非，根本不需要什么岁月流逝。

没有一个作家能够完整地写尽一个人、一件事，遑论去写历史中的一段社会。每一个人都可以扪心自问，倘若周身的各种条件发生了变化，你还会爱着、交往着当下身边的人吗？或许你说会，那也不过只是你身在当下，说说而已。

即便给人类安装上一双双机械的翅膀，人类依旧需要用脚步行走。人类发现现象并加以利用，现象回报给人类的是玄虚，人只不过是万千生命在生死之间的物化。

人类分明归属于万千世界，却自作聪明追求拥有千方万物。

我国迫切需要构建学习型社会

2023 年 5 月 24 日

今天看到一个行业官网发布的数据："中国有 8400 万人，相当于整个江苏省的人口，在做外卖员、快递员、网约车司机、代驾司机等工作。该职业以男性为主，男性从业者占比超过 90%，大致相当于中国现有约 4.5 亿男性青壮年群体中，约有 17%的 60 岁以下男性青壮年从事出苦力行业。而全国就业人口总统计为 7.34 亿人，也就是有将近 10%的就业人口正在做普通力气活。"

这组数据相当惊人。

一群年轻人，尽量廉价地把饭菜或生产生活用品送给另一群年轻人，形成"外卖经济""地摊经济""烧烤经济"三大所谓经济现象，不得不令人唏嘘。

实行义务教育三十年后的今天，出现这样的"力气活"经济现象，绝对不是什么幸运，而应是悲哀。那一群又一群年轻人，与他们的父辈、爷辈拉平板车、推独轮车、踩三轮车讨生活，没有本质变化。

发达经济体早已是学习型社会，绝大部分公民是研究型、研发型的技术公民。学习型社会—技术公民，这是人类社会不可逆的发展趋势。不能因为中国绝大部分公民还是"力气活"公民，就不学习，或把学习任务交给下一代。

在我们身边，的确有太多年轻人，离开初中、高中、大专、本科的校门并就业之后，再没有拿出收入的一部分投资于学习，而是罄其所有买房、买车、结婚、生养儿女。缺乏学习，直接导致大量的人只会也只能"练摊、跑腿、开胃"，丧失原本属于生存必要的创造开拓能力，遑论创新。

我国迫切需要构建学习型社会，以支撑举国体制的创新战略任务落地。

我们为什么会产生"乡愁"？

2023 年 6 月 19 日

1984 年，父亲因为有同学在县城唯一一个国营预制水泥砖厂当厂长，可以赊销给我们家盖房子。于是，父亲一手大兴土木，一手高筑债台。钢筋扎笼打下地基，空心水泥砖砌就，8 米净跨外加三尺走廊的沙灰立面墙，四间红顶大瓦房，就在村庄的最后排当仁不让地树立起来了。

2004 年，伴随我在城市里扎根安家，整个家庭的老少一而再再而三地下定了决心，关门落锁，了无牵挂，整整 20 年的大瓦房空空地守候在那儿。

又过了十年左右，直到门窗破败，风光雨露可以直接从屋顶的大大小小窟窿透进房屋的每一个角落，我拿出一笔远超过建房成本的 1 万多元钱修建了两米高的院墙，让老宅静静地继续在那里风蚀。

前几天，我再次拿出 7500 元，委托一个亲戚，一再交代在确保安全的情况下，找到专业用蓝色彩钢瓦铺盖屋顶的施工队，对老宅做了保护。那是当下农村最流行的色彩——彩钢蓝，不少背井离乡的乡亲都选择了同样的方式留住老宅。

后两次花钱，实在没有什么理由能够说得清图的是什么。

即便个人在城市的营生中因为某种遭遇而破产，也绝无可能再回到老宅那个住所。尽管，以 1995 年的土地承包合同为据，全部的承包土地没有因为我的城市户口而失去，某种意义上我依旧还是有承包土地、有农村社保卡的农民。

为什么会产生"乡愁"？我也是于 2015 年春节期间读到了王磊光的《一位博士生的返乡笔记：近年情更怯，春节回家看什么》，给自己添加了"乡愁"的身心砝码。那一年，作为新华网专栏作家，我先后写下《家乡，从无奈离去到无法割舍》《幸福该何处安放，城市还是乡镇？》，系统地思考了千千万个曾经百业千态、一应俱全的农业集镇，为何会彻底萧条衰败。那个一心奔赴的城市，却并没有赐给我们一个可以乐享幸福的生活，我们负重奔波，再奔波，竟然荒唐地时常回忆起那缺吃少穿的乡村少年时光。

直到那一年我去往那个一衣带水的南方宝岛，走进一个叫作"恒春"的小镇，再走进一个叫作"九份"的地方，豁然开朗。城市、集镇、乡村是可以美好并存的。在"恒春"，雕刻着一代又一代镇长名字的建筑物成就了文化，百业千态的商家相互成就了家园。在"九份"，那个把深山老林当作世界中心的地方，少说也有几百个店铺，我如果错过了一家中意的商品或饭菜，竟然无法在后面的脚程里再遇见，只得在形形色色的国际游客间返回去买到。

日前，我应邀前往杭州为县乡科技特派员培训班授课《乡村振兴的科技创新驱动》，悉心阅读相关书籍，却没有发现我想要的乡村。只得翻看走遍全球路上的影像，去理解，去思索，把我做过的梦、我的乡愁带入课堂。

用这篇文章，解答20世纪60年代、70年代出生的我们，为什么会有"乡愁"。时光如果能够倒退二十几年，以我们当下的认知，我们会怎么去做？而身处的当下，我们又该做什么。

全民强制减少劳动时间，你同意吗？

2023 年 6 月 24 日

尽管《劳动法》对劳动者的工作和休息时间有着严格规定，但每周 6 天从早 9 点到晚 9 点不得歇息的劳动者大有人在。尤为普遍的群体包括公务员、基建工程人员、设计院员工、加工厂工人等。可以说，除了真正意义的科技创新型企业与机构之外，当前环境中严格执行《劳动法》工作和休息时间条款的，寥寥无几。

在较低的生产力水平下，追求较高的生产总值，就需要密集的大量劳动力去实现。举个例子，用一个人操作一台插秧机一天栽插 100 亩土地的秧苗，用人工弯腰插秧完成同样 100 亩地的种植就需要 100 个人一天共同干，虽然一天的产值是相同的，劳动力的差距却是 100 倍。

辛苦不辛苦？很辛苦。又不只是辛苦，人们不计时间代价地拼了全力挣钱，却生活在规模化工业和产业化科技时代，永远挣不够生活必需的工业产品和设计商品的消费支出。于是，人们互相攀比，互相竞争，用无休止的劳苦去换取他国科技化和品牌化的物质产品。更有那些所谓的自由职业者，如货运、客运司机、快递员、家政服务工，以及小微公司和个体户老板，恨不能每天劳苦 16 小时、全年无休地干活，法定的 8 小时工作时间被当成见缝插针睡觉的宝贵时间，以换取更多的生产总值。

官僚体系下，公务员代表的是法律和道德的双重模范。老百姓在忙在苦，公务员当然也不能闲着，他们表现出更忙更苦的样子，才能形成社会分工的心理平衡，保持社会稳定。于是，通过制度、检查、会议、学习等方式，总有一种办法让事事要决策的领导时间不够用。这是官僚所致，上行下效，公务员、编制人员就都没早没晚、不眠不休地忙起来了。

社会如此运转下去，哪天是个头？都知道无尽无休。想不想改变？当然想。只不过，人人都想的事情，未必就能实现，因为存在官僚机制下的"群体能力低下"效应。

当前，经济正处于下行、通缩期，萧条程度加剧的风险越来越大，"躺平""内卷"现象必须遏制。但长期形成的颓势不可能朝夕逆转，在投资项目稀少、消费能力骤减、国际需求陡降、订单稀缺，呈现粥少僧多情景的情况下，恶性竞争循环往复，横向和纵向伤害供应链。为了降低成本，有人被裁员，失去劳动机会；有人在岗位上时时转、天天干。

趁着普遍性的企业订单不足、开工不足、产能过剩，正是强制减少全民劳动时间的大好时机。

共产主义是真正的民主吗

2023 年 7 月 1 日

近些年来，关乎民主的讨论一直不缺少声音。讨论并允许讨论民主，其本身就是最高级别的言论自由。

共产主义是人类的终极追求，这是共产党人所信奉的，在中国得到了巩固并持之以恒地践行。从共产主义能够实现的角度讲，民主必然是伴生伴随的。倘若民主都没有，又何谈共产主义？

西方民主是不是民主？肯定是。但西方民主本身存在两种形态：一种是君主立宪制，以英国为代表；一种是联邦共和立宪制，以美国为代表。这就很有意思，供奉君主的社会还算不算民主？联邦共和又算不算共产主义的具象体现？要想作好这个回答，必将有挑战性的发现。西方民主并没有一个确定的模子。

一党执政下带领全国各族人民追求共产主义，或许永远不可能实现，所以把社会主义确立为过程和阶段，不能简单定义为就不是民主。人要活在信仰和信念中，民主也罢，共产主义也好，都属于信仰和信念。

应该善意地对待民主的不同形式。任何一种民主，都能够不断进化，全民大选也罢，德能勤绩也好，不过是追求民主、追求共产主义的不同方式方法的人才与事业适配机制。

民主是一种追求吗？如果不是，那民主的追求是什么？如果是，那民主肯定不会拒绝共产主义。

对步入大学前学生的两次教育

2023年7月15日

创新者是孤独的。

创客就像黄山顶上倚青狮石破石而生的那棵野松，没得选择，只得借助渗透在破石缝隙的微量水分，生根、再生根，对破石形成抱力，继而在迎风和顺风中生长出一个样子，直到有一天被人们发现。野松的美不在于迎客的姿势，在于它在特殊的环境中进化了自己的基因，修成了常青的真身。

孤独需要被理解，独木也可以成林，若是遵循了规律。

不属于科学家的苗子，那就用不着在学业中艰辛，追求自己的兴趣爱好，长成自己的样子，让欣赏的人喜欢。这是我一贯的教育理念。

2017年那个夏天，女生即将前往大西洋西岸的象牙塔。我在不大的把握和惶恐中，邀约她接受我的一堂授课，以及小她4岁的那个初中男生接受我的一堂授课。竟然被答应了。在办公室，我把授课的题目定为《社会启蒙》——对于一个刚刚步入成年的女生来说，这实在太重要了。与白板的合影我一直保留着，内容关于命和运，关于学习和知识，关于管理和能力。那半天，我感受得到，姐弟俩懵懂的眼神总是在与我对话。、到了2021年夏天，轮到男生也要远行了。他或许早已忘记4年前的那堂《社会启蒙》课。我说，你这次听我讲讲《大学与社会》吧。他很给力地接受了，不再是曾经的叛逆样子。那半天我谈得有些跨界，因为我没有过大学教育和生活，只是时常带着社会的体验去体验大学。他说他听得懂，他跟我谈了他看过的、也是他喜欢的人物传记、球星传记或企业家传记。白板换了，合影照样被我存照。

这个夏天，当年的女孩已经放弃了无数人认为的许多良机和金碗，行进在她想要的征途。当年的男孩，沉浸在他爱好和抉择的专业，早已表现出了他的认知，在践行他想要的未来。

谨以此文，献给青年们。

挣到钱，社会才有希望

2023 年 9 月 18 日

早上 8 点启程，我很清楚这一趟 Uber 需要花费接近 100 刀，耗费 90 分钟左右，尽管前往哈佛大学只有不到 20 公里，平时顶多 15 分钟。

这一路浩浩荡荡的车流，都在为今天确定能挣到的钱而奔赴。

路上，我问一位年近 50、从发展中大国"走线"几年前来的 Uber 司机，日子过得怎么样？他说每天开车不超过 10 个小时，会有四五百刀的收入。再开几年，最小的孩子满 18 岁，就买一辆房车，带着妻子周游世界。对一个从底层社会移民过来的人来说，他已经实现了拥有超过 200 万刀私人家产的梦想，新的梦想指日可待。

能挣到钱，是确定的，个人的梦想就是确定的。至于他所在的国家梦想能不能实现，他说这还重要吗？一个人能挣到钱，就会让另一个人也挣到钱，更多人不就有希望了吗。

道理原来如此简单。

一个人通过辛苦劳动挣不到钱也过不上好日子，就挤兑别人也不让别人挣钱。每个人都挣不到钱的时候，每个人都尽量保全自己；相互挤兑的社会，日久只会个个干瘪。

改变其实很容易，让每个人每个项目都挣钱，让每个人挣到的钱能买到、办到真正属于自己的可传承的资产。

当一个人开网约车都能挣钱买房过上好日子，还梦想老了买房车周游世界的时候，社会才真正有希望。

私产恒产，是社会唯一的出路

2023 年 10 月 7 日

获得私有领地，是所有生命赖以在真正意义上更好地生存、繁衍的基本保障，更是食物链等级更高的生命的智慧所在。可以说，这是一个自然法则，从自私走向发展，因自私而发展。生命的发展需要首先在不同物种之间展开竞争，其次在不同族群之间展开竞争，最后在同种同族之间竞争。竞争产生自私，自私获取壮大，进而更好地进化、发展。

那些同种同族之间没有形成竞争的生命，会更早地灭绝。据《翦商》记载，文明古国的祖先在殷商时代还以烹同胞骨肉食之为美餐，其时地球上的人类祖先几乎都采用相同的生存方式。人类进化发展的速度比其他食物链生命更快，并且繁衍壮大，自私性也是任何其他生命无可比拟的。只不过，自私的方式方法在进化发展的过程中发生了变化，比如从烹食同胞到战杀同胞，再到统治奴役同胞，再到科技创新弱化同胞，通过自私削弱他人、强壮自己的本质已经是基因般的存在。

世界上最强大的家族——罗斯柴尔德家族的商业存在了200 多年，英国、美国、欧盟能够有今天的科技、文化、经济成就，与这个家族的强盛紧密相关。罗斯柴尔德家族集聚了超过 50 万亿美元的私有财富，并没有影响国家、世界的发展，反而大大有利于国家、世界的发展。新加坡的李光耀家族同样拥有该国最大的私产，让国家和人民跻身于发达列强之列。

对于横向比对认知不足的一国人民而言，往往固守在自己祖先、前辈、过去与当下的比对中，我们可以把这样的情况称作"纵向线性社会观"。形成纵向线性社会观，大多是由对横向社会的生活环境状况无知、一知半解或碎片化造成的。比自己的过去变好了，于是知足，甚至在无知中洋洋自得。

但是，年轻人、年轻的下一代，他们在想什么、需求什么，是纵向线性社会观群体应当去认知的。作为一个个体，他或她通过劳动创造物质，本质上并没有金钱的存在，金钱仅仅是劳动和物质之间的一个等量数字，劳动所创造的物质理应也必须归其私有——除非其本人自愿或绝后等意外，否则没有任何人有权剥夺其物质的私有权。这样的物质，表现在商品、土地之上的建筑，应当也必须是"产"。"产"的私有性、恒久性、传承性，是尊重、保护人类个体劳动的天经地义。

在"私产、恒产"面前，人的责任心、使命感、繁衍力是最大的。

无论去谈什么所谓的"主义"，任何"主义"都不能虚无理想化，都要求真。私产恒产，是任何社会人们的向往，也是任何社会自然的、唯一的出路。

人类社会特有的悲剧

2023 年 10 月 16 日

统治阶层的实力和势力要扩大，仅仅靠自己人是不够的。怎么办？在相对文明的更大文化教育环境中，一方面普及性教育，一方面选择性教育。

总有一些人，尤其是社会底层的人，在选择性教育中孜孜不倦地学习、答题，获得了"跳出农门"的上升机会。进而和统治阶层混迹在一起，一边惯性思维言听计从，一边殚精竭虑施政维统。被打的时候处于无知状态没有恨过谁，成为打手之后以精英身份感恩主子。这群人并不希望所处的结构坍塌，对仍处于社会底层荆棘坎坷中的痛苦也是麻痹无感。

出身自底层，混迹于统治阶层，他们甚至认为，底层社会的人也应该且必须沿袭既有的路径，在选择性教育中攀爬。

而底层呢？在没有更多可选择的路径和机会的环境里，就挤向同一座独木桥，羡慕崇拜走过去的能力，认命认怂于走不过去是自己无能。

这就是人类社会特有的悲剧现象——被统治阶层制定了生存法则，丧失了自然与科学的选择权。统治阶层定义、展示和告诉了什么，就是底层可以看到和认知的天花板。

也有人堂而皇之地讲，为了社会结构稳定，在某种情境下，Only One Way。

走上社会的1亿留守儿童

2023年10月24日

下面是一个走上社会的曾经留守儿童叙事:

"我是奶奶独自一人把我带大的，奶奶在那些年总共带大了她的六个孙子孙女。父母怀抱的温暖从来没有体验过，准确地说妈妈把我生下来之后就丢在了西部的乡下让奶奶拉扯，记事之后会在三五年里有一两次与父母团聚几天。并不是所有的孩子都会成为留守儿童，我的哥哥姐姐就出生后跟着在外打工的父母一起生活。第一次与哥哥姐姐在家见面的时候，哥哥并不怎么理睬我，姐姐会对我多一点热情。"

"虽然我是个女孩子，小时候在乡下也是和男孩女孩一起下河上山捉鱼抓鸟的。夏天里热了就跳到河里，对危险和死亡是无知无畏的。土豆和玉米是奶奶在厨房里总是备着的，冷的热的都可以吃，饿了就吃，正点的饭菜也不过是土豆、玉米加南瓜、青菜之类罢了。跟父母哥姐谈不上感情，亲情都谈不上吧，因为我们之间实在是太陌生、太没有关联了。去年奶奶去世的时候，我特意回去了一趟，实在太习惯和爱她了，她是一个人孤独地在乡下劳作直到生病死去的。"

"我读书读到初中二年级就辍学了，和两三个闺蜜就奔着有熟人的城市去打工。我们能做的，要么是工厂操作工，要么是服务行业服务员，最好的算是做营业员了。我就是在做营业员的时候认识了一个大我几岁的男人，懵懂中谈恋爱，就跟着他到了安徽乡下结婚了。婚后我发现老公和别的女人有一腿，我就坚决提出离婚，不管他和他的家人如何恳求，我都坚持离婚。我现在与他分居了，只能先在婚姻所在地的县城从事有力气的服务行业，耗到拿到离婚证为止。我没日没夜地工作，除了每天必需的睡觉时间，一个月能挣到 1 万多元。我太需要钱了，我要为自己的未来努力。"

"爸爸妈妈对我的婚姻没有给出什么意见，就是见了两次恋爱中的男朋友，认为男方人老实，可以结婚。父母来了安徽乡下出席了我们的婚礼，后来就再也没有来过了。95 后、2000 年前后出生的跟我一样的留守儿童还有很多。刚走上社会的前几年，对社会、对人性、对自己没有什么辨别能力，城市的一切又都贵得陌生离谱，我也不想做个呆板的工厂操作工，就稀里糊涂地过到了现在，打工挣的那一点钱也都被男方七花八落用在结婚上。现在后悔，却一毛钱都不值。"

"这就是我和我们这一代人的命吧。城里出生的同龄人过着温室般的生活，工作可有可无，可以拼爹、啃老。我呢？与我一样的留守儿童长大的同龄人呢？农村没有我们值得成长的家，城市更没有我们可以发展的空间。即便我省吃俭用做最辛苦的力气服务活，买房安家也要十年吧！我还能遇到好男人吗？我不敢奢想了，许多男人对我好一点在打我身上什么主意我很清楚。在那些比我们多些钱的男人和女人面前和心里，我这样的人或许天生就该被哄、被骗、被不值钱。不知道这个社会为什么那么多那么多色眯眯的老男人小男人。幸运的是我只身一人，没有生过孩子，长相中等偏上吧，我还有点被色眯眯的资本。我看透了这个社会，我不怀疑会有好人，比如你，我愿意说给你听，我的身世。"

我年复一年地不停在一座又一座中国的大城市、小城市、小县城穿梭，从闪闪烁烁的 KTV 霓虹灯、发廊转灯，到大街小巷一家比一家装修豪华的足浴店、SPA 店、烧烤店、奶茶店，时代似乎在刻意进行着切换。跟随社会与城市的脚步，早已让很多如我一样的草根们，在痛恨自己从一无所有竭尽全力的同时，又要为自己的下一代储备尽可能多的资产，已然忘记了这个社会其实还有更多曾经的我们。他们面对的却是更加复杂、更加诡异、更加昂贵的社会和城市。

一次又一次与他、与她、与他们相遇，对话之后，想为至少 1 亿走上社会的曾经的留守儿童们写点什么、说点什么，却倍感无力，仅有的一点力气面对的不过是绵绵软软的一大团。

2024 变局，你还来得及吗

2023 年 12 月 29 日

有人说，这个时代的变化实在太快，让人措手不及。其实不然，所有的变化都是趋势，是一个循序渐进的局，变局。倘若你没有提前做准备，你只能在变中失措，在局中束手无策，如同笼中之鸟。

最近已经有不少预测对 2024 年的经济大肆聒噪，恨不得条条预言都命中，以显得个人或机构的神机妙算，为网红流量再增加十万百万的蚁族。我最为反感的，是那种自己没有创业履历的人指指点点别人如何搞经营，还有那种自己都没有行动体验过的人考出了指导别人的证书。

要谈 2024 变局，我们必须审视一下当前正在发生什么，身边自己可见可感的事物。

再烂的社会，也会几家欢乐几家愁，路有冻死骨的不远之处尚有朱门酒肉臭。国内，民企老板们的哀号声中，央企国企开放着漂亮的业绩数据大红花；房价跌去了三成四成五成，黄金却是逆着国际的跌势上扬再上扬；工业园区的厂房和大路在冷清，县城的街巷却是饭馆足浴店铺的招牌一家亮眼超出一家；网约车外卖员不分昼夜出苦力也只能过着紧巴巴日子，处级局级厅级家的孩子却是在金融科技的大企业平台上大显身手，月月拿着 5 位数的绩效薪资。

还有，股市的大盘绿了又绿，可是看看年末尾盘的最后两天，保险、金融却一飞冲天拉了一把大盘。再有，地方官员提心吊胆捂不上热被窝坐不上热板凳，省上中央首长却个个满面春风遥指江山如画。

不要听一个人或组织说了什么，要看他们在做什么。不要听别人说未来会怎样，要看看当下正在发生的是什么样。

2024 的股市会如何表现？

在正常规律趋势下，大盘应当跌到 2200 点。但答案是答案，大盘是大盘。要知道，财政部和央行有的是真金白银和钞票，只要顶力托住自己的市，就能把大盘硬生生托住不再下泻。大盘托住了，不代表大量的个股也托住了，最多也就是"平均数"还好看。就像一个 100 户的村庄，3 户的资产达到 9700 万元，97 户的资产达到 300 万元，总资产规模为 1 亿元，平均每户达到 100 万元。除非金融系统家族的钱没有投给自己家族的人，而是投给了外人做均衡——你觉得有这个可能吗？

2024 投资什么最靠谱？

答案是正面印着本杰明·富兰克林（1706—1790）头像、背面印着独立厅和"IN GOD WE TRUST"信仰的美元绿钞票。我活了 50 年，从小至今的记忆中，比人民币更加管用并且直接管用的，是那种绿钞票。黄金？见鬼去罢！你有听说过拿着一锭黄金就能购物就能住酒店的吗？你认为公开的国际金价在下跌时有一个国家逆势上涨属于正常吗？你又有见过绿钞票会像黄金那样能够被操控着关起门独自涨跌吗？记得，持有绿钞票，在美国可以用账户操作，在其他国家用现金操作比用账户操作更靠谱。

2024 为孩子做点什么？

答案是：学英语。首先，语言是人们相互沟通的基本工具，会讲更多语言，就能与更多不同的人相互学习交流；英语使用人群远超中文，意味着会了英语就联系了世界。其次，语言是"熟能生巧"，讲得越多、用得越多就越熟练，任何人越早学习和使用就越能精通，这与会听说写母语是一个道理，一定能学有所成，不像数理化需要天分。再有，假设没有科学家和艺术家的基因和环境，建议不要去追求——让孩子成为一个能走世界、看世界、活好一生的人更加有价值。最后奉劝一句，不要被大宣牵着走，什么自信什么强大，不如让孩子先能够在全世界活动起来，更实在。

2024 会与对岸大兄弟打起来吗？

85%的概率要通过武器将大兄弟打服归管辖。15%的小概率也不过是推迟到 2025 至 2027 年之间再打。很多人关心能不能打得赢，这问都不要问，去同时看看用中文和英文拍摄的、从不同视角展现的长津湖战役影片，就可以肯定，一定能够打赢。因为打赢一场战争有两个角度：一是按照死伤更少这一标准做结论；二是按照占领土地做结论。有足够的人，不惜死伤代价去打，一定能赢得一片土地。假设"小男孩"降临广岛的事件再上演一次，那另当别论，但在科技和文明的新时代，"小男孩"的原生家庭已经不具备那个掷弹的决策力条件了，况且也完全没有必要，只不过是一块土地的归属。有人一定要认为打不起来，一定要认为打不赢，我只能说，幻想也是每个人的自由，并且也可能是你所在的社会所能允许你享有的唯一自由权利了。过去十年，所有的测验、演练、运筹，都已经完成了，也已经兵临城下。

打赢了有国运？或许会有，但似乎给你带来的只能是劳力劳苦的奉献。打输了当然也不会例外，只会加重你的风险负担

关于 2024，还有你关心的想知道的吗？民企会不会有地位？电商或店铺还能不能开？房价会不会涨起来？要不要让孩子考公考编？让孩子出国留学还是冲刺 211、985？没结婚被父母唠叨被亲友笑话怎么办？那都是你自个家的事，你就看着办吧。

对了，你可以准备了，你也必须准备了，为你的 2024、2025……否则那时候的你，是笼中之鸟。

平权社会

2024 年 1 月 28 日

雪花的结构是对称的，植物的结构是对称的，动物的结构是对称的。

物质的对称性是自然分布和能量相当的表现形式。结构之中的物质个体，看似独立，实则关联，联结每一个个体与个体之间的，是横向引力。行星对有限距离之内的物质产生纵向引力。维持横向引力与纵向引力之间规律的，是恒星。恒星具有力与力之间的万能性，远远看去像一团火红的光，科学地讲，并没有人真正看到、摸到、测量到它的真实状态，所有关于恒星物质和能量的公开学说，都不过是假说。

没有恒星，所有的物质都只能是离散状态，宇宙混沌，无边无际。雪花不会存在，植物不会存在，动物不会存在。

道路拥堵，是由于同一平面空间内的道路被更多车辆在同一时段使用；人们发生争斗，是由于不同习性的人们被他人创造的道德和法律约束在有限的环境中生存；贫富差距扩大，是因为极少数人设计和制定的政策制度阻碍了社会资源的均衡利用与分配。这个世界，会被定义为旧世和新世，通常认为当下正在被某个人或某个组织领导的时期属于新世。实际上，所有过去的时间都属于旧世，所有未来的时间才称得上真正意义的新世。

美墨边境，每天数以万计遭遇困难的人们悲怆着、争抢着、欢笑着头也不回地走进一顶顶巨大的白色帐篷，再以难民的身份出现在新世界。这样的场景，不过是人类社会多处正在发生的缩影。农村奔向城市，人海挤进体制，为摆脱饥饿、远离战乱，向往并去往的是机会。他乡的机会，是科学的规律、自由的思想、进步的技术、开放的经济。当然，那拥挤的体制、得天独厚且垄断的资源，是人生的尽头——躺平。

如同自然界的食物链，没有谁不重要，也没有谁更重要，每一方的存在都是另一方的需要。每一个物种不断自我进化，以至于在天敌的杀戮遭遇中依旧持续存在。汽车需要轮子，房屋需要砂石，衣服需要纤维，糕点需要面粉，产业链每一个岗位的劳动，都应当与价值和价格等量。智慧是什么？是我们人类灵魂共同的神，是让人类肉体获得更长久生息的主，绝不应该让智慧去定义和分配人们的劳动价值。

在平权社会，构筑美好家园，地球不再以水陆分界为名义划分界线。

腊月三十：冷尿饿屁穷扯谎，月黑风高恨暴秦

2024 年 1 月 29 日

"还过个屁年！"已经成为形容"一年更比一年艰难，平常日子都没得过，哪还有心情过年"的场景，讽刺而诙谐。

过去的乡下有句俗语：冷尿饿屁穷扯谎（此处"尿"读音"suī"），极为形象地描述了人们在极端困苦下的个体特征和群体行为。尤其是"扯谎"二字，虽然早已进化为"大话""鼓吹""宣传""新闻"，其实并不能掩盖"扯谎"这个词语原本的词义。

微信群里突然跳出一位群友的一段文字：数年前，衙门欠的工程款没收回；这两年，给衙门开的商行供货款、服务款又被拖欠。衙门不付钱，却让包工付清打工人的工钱，让打工人好过年，这是逼包工人的命吗？还过个屁年！都别过了！

再过十天，就是老皇历里一年中最后的一天了——腊月三十。那一天，月亮躲得很高很远，整个地域和天空黑到伸手不见五指，以至于高处带出的风也特别阴冷。

某一年，大泽乡有人困难到只能做最坏打算——"里外都是个死"；山海关的一段长城被悲愤的民女的眼泪哗哗淹毁。集权滥施淫威的暴君秦始皇难免担心，在那一年的月黑风高夜遭遇不幸。于是下令"过年"，以此麻痹庶民百姓，让他们忘却烦恼

和仇恨，在过年期间报喜不报忧。

分明日子过得很难很难了，也要在过年的那几天相互癫狂、相互祝福、相互扯谎。

该恨的，其实还是那个暴秦。与其过年，不如祭咒，咒暴秦暴毙的好。

不要等枪声响起再跑

2024 年 3 月 9 日

近代史上，大清在岌岌可危之时，依旧有大量的官员在效忠朝廷，几乎没有老百姓认为沿袭统治了二百多年之久的朝廷会被区区一个北洋军阀推翻。毕竟，白莲教起义、太平天国运动、鸦片战争以及大大小小数十次农民起义，理应夯实了大清能够在兵荒马乱中立于不败之地的基础。然而，大清朝廷真的是三五年、百八十天就不堪一击的吗？当然不是。尽管在建朝长达一百五十年以上的时间里，几代帝王励精图治，获得了鼎盛的国力，同时，巨大的权贵利益和极为贫乏的底层社会之间形成了愈发尖锐的皇室矛盾、官民矛盾。嘉庆元年（1796 年），土地和阶级的矛盾终于大爆发，引发白莲教起义。大清朝廷一而再、再而三地通过武力的方式成功打击了多起暴力起义运动，却充满自信地维持着皇室与社会体制。就像传言中慈禧太后说的："向百姓让步、向国际开放，确实可以国富民强。"但闭关锁国却最能够保证爱新觉罗等一众满清皇室家族和阶层的利益，没有任何理由，也不可接受家族和阶层的利益受损。

直到改朝换代了，竟然还有为数众多的"大清子民"把长袍、辫子、烟斗、小脚当成文化自信，舍不得丢弃。

更近一些的历史，当数 1949 年至 1976 年。涉及太多的敏感事件、敏感人物，并不适合在当下的文章中深究历数。但是，历经那整整 27 年社会与个人命运的人，会有很多人一次又一次掰着手指反思或懊悔。看清真相、认清民主的所谓"背叛者"们后来获得了什么？一腔热血和情怀"留下来"的义士、学者又遭遇了什么？过去的都已过去了，还会重演吗？或许有人会问：即使重演，活在金字塔上一些层级相对舒适区里的自己会受到影响吗？更有人会坚持庞大的金字塔在撑着，天塌不下来。

如果权贵不能够主动让位（改革），资源不能够主动分享（开放），世界历史的规律告诉我们，暴政与颠覆总是相生相克，也只能用推翻的方式走向新的纪元。

继续翻翻历史，没有哪一个朝代的皇室在被推翻之前最为紧要的关头，不想做出让步以保住朝廷，不愿意向民间颁布利益相关的圣旨、诏令，一道又一道密集传达。有用吗？一定是没有用。

真的做对了、做到了、做好了，又哪里需要什么圣旨、诏令？那些或许能够换得一时安定的圣旨、诏令，在缓和了矛盾之后，带给权贵们的只能是更加自信、更加固权、更加专横。

林子大了，什么样的鸟儿都有。总有一些站在高枝和边缘的鸟儿，看到了林子远处的风吹草动，不是正常的春夏秋冬，展翅飞向其他的林子。预判和努力在先，剩下的才是该交给造物主的安排。不要怀疑、嘲笑，更不要等枪声响起、巨网张开，才扑棱着翅膀起飞，那时造物主根本救不了自愿交付枷锁的群鸟。

第三次世界大战爆发了吗？三大显性特征

2024 年 3 月 23 日

俄乌战争持续胶着已打了两年多。莫斯科时间 2024 年 3 月 23 日，俄方在莫斯科郊外的克罗库斯城音乐厅发生造成数百人伤亡的恐怖袭击之后，宣布俄罗斯全国进入战争状态。此前，法国、英国等北约国家亦正式宣布与俄罗斯开战。尽管联合国安理会常任理事国并没有全部宣告参战或进入战争状态，实质上货币资金、武器装备、军事人员等均已经直接或间接介入。

无论如何，第三次世界大战或许已经开始爆发。可以明确的是，处于"爆发中"，而不是"即将爆发"。相较于前两次世界大战，第三次世界大战将具有如下三大显性特征：

特征一：战火将集中在亚欧大陆的交汇国家之间和东北亚。

第二次世界大战之后崛起的美洲文明、欧洲文明、东南亚文明、印度文明、地中海文明所在地域将不会被战火涉及，海域火力会部署和集中在太平洋东岸。

特征二：这是封建帝制与民主宪政的一次彻底较量。

战火熄灭的同时，全球 80%以上人口将进入民主宪政。本不应该爆发的第三次世界大战，完全是因为封建帝制阶层的极端统治与稳固需求，在科技力量明显悬殊于民主宪政的情况下，倚仗庞大的人口红利资源进行殊死搏斗，提前爆发。

特征三：亚洲必将形成巨大分裂或强大联盟。

究其原因，封建帝制的历史始终是分久必合、合久必分，诸侯割据；仅仅 242 年历史的民主宪政不断缔结以科技创新生产力为核心的联邦联盟，经济、文化、军事无往不胜。历史既有规律，也不无吊诡，没有人能够断定战争的胜负，倘若不惜伤亡人数，以地盘的守护和获得为胜负定义，文明或将怯步。

天下本无事，庸人扰之而烦耳

2024 年 5 月 22 日

常言道，好事未必能出名，坏事一出传千里。情况好不好、坏不坏，不是宣传怎么样就能改变实质，庶民会直接有冷暖体验。北宋时期王安石变法，导致民不聊生、怨声载道，皇权贬谪了苏轼等一众谏言反对者，其结果却是祸国殃民。历朝郡国，经济强盛则国家兴旺，经济衰退则国家危在旦夕。尽管如此，君主们总是忧患于兴旺之际民利民权策议朝政，不惜代价变法施法集权统治，继而流离失所大幅增加，加剧祸患直至亡朝。殊不知，经济衰退，精英离退，才是真正需要忧患的。

经济下行，传导给庶民的会是直接痛感。虽然属于社会性痛苦，但有研究证实，产生社会性痛苦的人往往痛感超过生理性疼痛。

那些能够言出必声震四方的"家"们，也会在经济下行期借着声名，想想如何"体恤体恤民情"。遗憾的是，他们往往没有过底层社会的经历和痛感，没有在创业和创新中成就过什么创造，更没有从事过科学发现与研究。堂而皇之的是，他们早已习惯了权与利的勾兑，只会整日里大言不惭重振这个、发展那个。他们做的，往往是一味主张自身利益：在房地产链条的想房价涨，在金融链条的想孳息涨，在出行链条的想票价涨。他们的职责是完成必须完成的政治任务——违背企业经营规律，目标总是受到不确定的市场因素而变化，任务则是权力约束下的命令，哪怕不择手段也要达成——哪怕民生承受不起，也只好不管不顾地涨价。

言必要救这个，管理好这个，调控好那个……就是不想想是谁、是什么人、是什么群体、说什么体制和政策导致了问题。

谁造成的？如何造成的？该什么都管还是该能放尽放？人人心里都装着一本明白账。

实在是奇了怪了，声震四方的"家"们、"表"们，竟然会指望着继续依靠庸人，继续惯用思维和行动，能把事情变好做好。

《新唐书·陆象先传》："天下本无事，庸人扰之而烦耳。"

说出来吧，每一个人

2024 年 5 月 23 日

"家丑不可外扬，说出去只会惹别人看笑话。""忍一时风平浪静，退一步海阔天空。"从小到大，东方社会的大人们用不同阶层文化的语言反复地向孩子们灌输"隐忍"，一代又一代。被性凌的女孩子，被霸凌的男孩子，总会被人们定义为弱者，反倒是那些欺凌者会让大人们觉得更有出息。当社会群体普遍向横行霸道低头让步时，实质上是整个社会的弱不禁风。

非虚构体裁和纪实文学是西方社会持续风行的写作文化，如小说、歌剧、新闻报道。即便是科幻作品，也是基于科学的规律和伦理。至于童话作品，则会更加具体地从现实的角度去创作。特定环境的名家大多幸运，《蛙》如果晚写十年八年，休想出版发行，更何谈诺贝尔奖的评委们如何了解到高密县里高粱地和大水渠发生过的真实事件。

面对一个疾病，是该去寻找祖传秘方，还是该去创新治疗方法？倘若祖传秘方能够包治包好，人类又何须发展医学？

文学和艺术，有一种体裁叫作"正剧"。正剧的主题通常涉及社会道德、人性、伦理等方面，以深刻揭示人类生存状态和社会矛盾。也因此，正剧的内容必须源自真实的真人真事真相，更加直接冲击人们的感官和心声，被人们广泛接受和推崇。

正面和负面，其词性在物理空间具有相对性，却正在被某些特定需求的社会阶层定义为绝对相反的概念。一个常见现象是，那些把不幸遭遇、性情丑态说出来的人，会被认定为"负面情绪"。披露一起伤害事故的过失与问题，属于负面；赞扬一起伤害事故的组织与补救，属于正面。这样的风气持续下去，难免让人们永远麻木于灾难和腐败。

电影《一九四二》中，衙门坏到什么程度？中原省大饥荒足足饿死 500 多万人的时候，体制上报的文件里却是白纸黑字 1602 人，省一把手李培基一边自我深责悲痛，一边例行官办行文。同样境遇之下的行为还会再次发生吗？不得而知。

其实，这世间事，又有什么是真正的意外呢？雨点没有落下，不过是云层和空气的条件还没有具备。看似两个异性遇见的缘分，满眼满心地一见钟情，又何尝不是各自代际传承、有生修行的色味相投。

我分明看到一群孩子，不！是一大群少年、青年，他们生于长于那奇迹般增长的三十余年，足足一个多亿。睁大了眼睛日复一日、年复一年望向村口，再走进社会暗无天日地忙碌于街巷。为什么依然还有那个群体？因为我们没有先进的科学技术、机械装备用于耕种。为什么我们没有？因为我们恐惧，我们担心自己的着装是被别人输送养分。为什么我们恐惧？因为我们缺乏教育和认知，心里没底。

说出来吧，每一个人。生养你的这个世界自有强弱，语言是人类之于万物特有的智慧和强大，说出来才是我们的本能。不用怕谁，运用生命语言和行动的本能，大声点，让世界所有的人都听见！

人性撕裂到极端，会同胞互害

2024 年 6 月 9 日

"有心杀贼，无力回天。死得其所，快哉快哉！"谭嗣同刑场上的这一声呐喊，成为千秋绝响。

1898 年 9 月 28 日下午 4 时，烈日下的北平宣武门外菜市口，为减轻中国百姓苦难的改革者谭嗣同、刘光第、康广仁、杨深秀、杨锐、林旭等维新变法的"戊戌六君子"遭遇行刑。

行刑手连砍三刀也没有把"变法第一烈士"谭嗣同的头颅砍断，惊惶失措间刽子手把谭按倒在地上砍，连续用刀剁到鲜血淋漓，最终头颅落地。

围观的群众人山人海，不仅对朝廷的判决深信不疑还拍手称快，竟然有人用烂白菜帮子扔向先烈！老百姓几千年习惯于认准一条理：朝廷衙门的话就是天条至理，人人都这么过来了，不服气的就活该"不作不死，作了该死"。

延续了 276 年的大清朝虽然"不出新思想预料、出乎老百姓预料"地崩溃了，但人性撕裂的悲剧却并没有停止。"戊戌六君子"就义半个多世纪之后的 1966 年开始，无数老百姓的家庭亲朋之间上演了更加离奇的血肉撕裂悲剧。

曾为律师的张宏斌，2013 年向社会公开了一段"血淋淋"的历史。1970 年，他的母亲在自己家里向家人发表了一番言论，被"根正苗红"的张宏斌举报为"反革命"，两个月后母亲被枪决。

1969 年 12 月，南京大学按照统一部署成立了"清理阶级队伍"办公室，先后成立"一打三反"和"清查'五一六'"办公室，掀起"大检举、大揭发、大批判、大清理"的高潮。广大师生之间、群众家庭亲人之间，爆发了疯狂的互相迫害运动，大批干部、群众在"莫须有"的罪名下被乱揪乱斗、致死致残。（摘自南京大学官网）

1971 年 9 月，那架飞机在邻国坠落后，林彪之女被隔离审查期间曾服用安眠药自杀未遂，再后来她写了很多材料。根据推断，如果她在 1971 年 9 月 12 日晚上，没有"大义灭亲"地上报检举所谓的"妈妈企图劫持爸爸"，该事件不会发生。

又是半个多世纪过去了，今天社会上的人们普遍在寻求"同频、三观"。是否存在人性间的撕裂？

其一，美国打的是侵略战争还是主张正义？主张正义一定需要发动战争吗？

其二，腐败的收割机一茬又一茬收割，是部分人的问题，还是系统出了问题？系统没有问题会形成大规模塌方式腐败吗？

其三，太平洋东岸的系统好，还是西岸的系统好？这如同三十多年前面对所谓"排外的上海人"发问上海好还是中西部省份好。如果太平洋上有一座可以自由往返的桥，人们会去向哪里追梦？

其四，你今天的日子，是你的能力，还是你的"旺运"？如果不是你的能力，也根本没有任何所谓的"旺运"，又是谁在为你负重前行？为什么，负重前行的人一边与你共同享有着好日子，却偏偏又要为架起一座太平洋大桥而发声发力？难道你作为他的家人会觉得他不是为你们共同的家园长远可持续稳定变好？

尊重姜萍出圈的规则，不以决赛结果为评判标准

2024 年 6 月 22 日

经百度百科查阅，法学领域术语"考试作弊行为"是指，在监考者通过书面、口头提问或实际操作等方式考查参试者所掌握的知识和技能时，参试者通过不正当途径，在考核过程中在考核不允许的范围内寻求或者试图寻求答案，与公平、公正原则相悖的行为。

17 岁中专女生姜萍，以全球第 12 名的成绩入围阿里巴巴全球数学竞赛决赛，从引发关注，到真正"出圈"，所有的关切和议论，都在情理之中。但那种带着偏激观点、硬要推理出某种笑话或打击性质结果的做法，实在没有必要。换句话说，如果她是博士呢？还质疑吗？

其一，阿里巴巴达摩院的全球数学竞赛已经成功举办过五届，其难度在数学圈尽人皆知。有报名参赛的勇气，足以见证参赛者对自身数学水平的自信。姜萍具备足够真实的数学水平，毋庸置疑，她也是有底气的。

其二，从多篇议论、评价文章以及主办方的信息披露看，

姜萍参加的初赛是一场为期 48 小时的开卷考试。既然是开卷考试，是否允许考试期间在查阅资料、接受他人指导的情况下独立完成？如果允许，或者没有明确禁止，那就不属于"考试作弊行为"。

举个例子，美国的网络和数字技术长期领先，很多职业考试都可以线上打开摄像头远程完成。驾驶科目一线上考试尽管规定了取相框影像、答题时间等规则，但仍然会有一些人在考试时实际有人进行"隐蔽式旁观"指导，即便如此，考试的结果是合法有效的。从规则的角度讲，考试者的场景和结果，是符合规则的。

其三，姜萍作为参赛者本身的实力，无论是否查阅资料、接受他人指导，并不影响她在整个做题过程中的学习思考和水平提升。任何人参加任何赛事，除了努力之外还有运气成分，不排除竞赛的数学题恰巧符合姜萍的兴趣和思维习惯。更不能依照最终的决赛是否取得了好成绩，去评价她之前的数学竞赛成绩和水平。

姜萍出圈，低学历者在重重体制框架的社会和学术环境中脱颖而出，我们为她喝彩，期待她走出属于自己的人生赛程。

学龄青少年教育急需"补课"

2024 年 6 月 23 日

我们必须知道，学习是每个人生来就具有的基因和天赋。每一个孩子、每一个青少年，都会因为正确的教育而成长为有用之才。

南京智和教育负责人赵和春老师，原南外仙林分校资深导师、资深主任，原南外青奥村小学教学校长，南京市语文学科带头人，近日在朋友圈发出一条信息："可怜天下父母心！这两天忙得不可开交，太多的中小学父母带着孩子来找我。有关于孩子学习动力不足，需要激励唤醒的；有关于家庭教育困顿迷茫，需要指点迷津的；有关于孩子语文如何提升，需要传授方法的……"

作为一个家庭教育的"过来人"，同时也有过多次一对一帮助和指导青少年心理、学习、工作的经历，我深刻地知道，中国社会当前太多的学龄青少年急需"补课"。从更高层次上讲，那些已经走上社会的青年，在学龄教育阶段缺失社会通识认知，难以应对社会和环境的复杂与矛盾，产生忧郁、抑郁情绪，这对个人和社会都造成了一定程度的危害。

《中国问题》的作者伯特兰・亚瑟・威廉・罗素（Bertrand

Arthur William Russell）说："中国人待我不薄，我不愿意揭他们的短处。但是出于对真理负责，也出于对中国人的考虑，隐讳不是好主意。我只要求读者能记住，平心而论，我认为中华民族是我所遇见的世界上最优秀的民族之一。"他在该书中，对中国人的主要性格缺点，以犹豫的心情谈了三点："贪心、懦弱和缺乏同情心"。100 年过去了，没有读过此书的倘若有兴趣，可以去阅读，并对照当今的中国社会和中国人，在其间探索。

是时代走得太快，还是我们走得太慢，输给了时代？清晰地记得，20 世纪 80 年代初，作为一个农民孩子，看到第一个电灯泡在草屋里亮起来，了解到爱迪生的故事和钨丝的属性，丝毫不会怀疑"楼上楼下，电灯电话"的日子代表着至高无上的幸福，触目可及。没有想到，现实狠狠地打了我们一巴掌，科学技术所带来的电、光、网和一切，我们大量的人依旧为了温饱为了生存为了追求而或苦闷或艰辛。

问题出在哪里？答案是教育。问题存在于哪里？答案是海内外华人。

我在给青少年的授课中经常讲，学习是一种能力，会因为兴趣的不同、环境的不同而被弱化，也会被强化。在学校的学历教育中，教材的知识面总是有限的，又几乎全部是对教材的阅读、讲解和记忆，那些擅长于该类学习方法的学生总是能够考出高分，成为应试教育的王者。尽管从理论上讲，应试教育中失败的学生，也有机会在未来的社会工作和生活中获得他所擅长的学习兴趣和环境。自学成才，"低分生"离开学校之后超越"高分生"的例子也不缺典型。但是，如果学历教育阶段的老师不具有较高的社会实践和教育认知水平，如果孩子被强制固化定义为"低智商"十年或十多年，他们绝大多数会成为学历教育的牺牲品，被折磨到丧失与生俱来属于自己的学习能力。低学历、自学成才，也有在社会环境中学成成功的典型，但相比较于高学历、受到授课指导者，少之又少。

言简意赅地讲，学历教育这个"阶段"对于任何人的一生都至关重要。尽管我本人是低学历，但依靠后天的学习而有所成，却极力反对那些挣到钱改善了生活和事业的人狂言"读书无用"。切身经历可以告诉他人，我长期阅读、理解学校的教材和社会的书籍，有时候为了一场讲座，会买来几本、十几本专业的教材或书籍去学习。

劝父母，劝青少年，如果你遇到了赵和春老师所述的问题和现象，一定是学历教育不足、家庭教育缺失、社会教育空白所导致的。赶紧找导师级的社会心理学者"补课"，只要有真正资深的社会心理学者介入，一定可以立竿见影看到变化。

学习不仅仅是每一个人本就拥有的能力，因为生来就存在的对某种事物或现象的兴趣，学习更可以成为每个人的快乐。

青年们，你们的未来一定是"行天下、无束缚"

2024 年 6 月 27 日

1995 年至 2005 年出生的一代，他们刚刚走上社会或正在走向社会。在新旧交替的曙光降临的时候，他们是嘴里含着"金钥匙"出生的一代，相较于 1979 年之前几代人的出生环境而言。不要再让孩子吃苦受累，几乎是所有历经苦难的 50 后、60 后和 70 后的爷爷奶奶爸爸妈妈们力所能及的行动。

95 后们迎来了焦虑。

底层

处于社会底层家庭的 95 后，他们曾经的标签，是"农村娃"和"留守儿童"。这一群体出生时含着的"金钥匙"是有房住、有衣穿、有饭吃、有书读，获得的基本温饱，是用聚少离多的父爱母爱换取的。有书读，不代表有教育，广种薄收的义务制教育模式中，大部分人仅仅只是告别了文字盲，或者混了个职高、专科文凭，却并无一技之长。当他们走出校门时，面对的是一个既有规则又没有规则的社会。各行各业都需要证书，各行各业的各种证书，又都既可以通过学习考取到，也可以花钱买到。一无学习实力，二无旁门左道，又向往城市灯红酒绿，他们只好把身体交付给加工业的机械、服务业的钟点、娱乐业的长夜、建筑业的高低、运送业的车轮。他们睁眼看到的是房价在涨，闭眼听到的是彩礼在涨，男子们以全家人的身体筑起一个债台，外加赌上终老的劳动力价值，解决爱和性的需求。

中层

处于社会中层家庭的95后，他们幸运地跟着幸运成分远大于能力成分的"暴发户"父母，共同站在了底层的上部、上层的下部，把社会构建成完美的金字塔形状。说他们的父母是"暴发户"，是因为那个群体在想都不敢想的年头里，就因为做做买卖、干干施工、当当经理、让拆拆房子，竟然在城市就能发财了。显著的标志是，社会称呼其身份为"某总、某老板"。这一群体家庭的95后们有个形象的比喻，是鸡在窝里下了个蛋，却要让孵出的小鸡变成孔雀或者凤凰。他们的父母在有了钱之后，发现了什么叫头脸，发现了什么叫爱情，更发现了什么叫生活品味和事业。于是，不要让孩子输在起跑线上，让孩子多见见世面，让孩子考上名校，成为"暴发户"父母们比挣钱更为重要的追求。其实，"暴发户"父母们并不懂得生活和事业的真谛，不具有人生之于社会的价值的真正认知，甚至过高地估计自己的能力和实力，不知道是外来的工业文明和科技文明在赐予自己财富。除了课堂，除了听从课堂再到课堂的老师们讲课，"暴发户"父母们的孩子极少可以接受到科学和通识教育。他们齐刷刷地拿着本科、硕士文凭走上社会的时候，一边沿袭父母把钢筋混凝土火柴盒式住宅当作财富资产的思维，一边要接受狂妄自大盲目自信的父母训诫，连青春叛逆的资格都没有，一边又要穷尽心思一头栽进职场技能的从头学从头做，因为象牙塔里的一切几无实用。一时的"暴发户"不代表是"价值中产"，95后们要想成为孔雀或凤凰，还需承受破茧成蝶之艰辛。

上层

处于社会上层家庭的95后，他们是真正意义上嘴里含着"金钥匙"来到这个世界的一代。于1977年恢复高考到1999年高校扩招期间，那个年代大浪淘沙般的大学生，堪称天生聪颖、天之骄子，尽享政策先机、时代红利。体制也同时要求这一金字塔上层的群体只生一个宝宝，于是更加集万千宠爱于一身的95后们踏歌新生。社会上层的95后们，一流的教育，一流的住房，一流的保障，一流的环境，一流的世界，只要他们需要，他们的父母就能给予和满足。他们也会偶尔被爱心和仁心教育，但是在生活和事业需要时，他们会动用关系和资源。他们并不知道，动用关系和资源的背后，是对爱和仁的社会生态的最大破坏。他们更无从认识到，他们父母辈所设计施行的体制的机器和作用，导致了巨大的不公、不平、贫富差距，挖出了一个又一个巨大的社会矛盾和问题的"坑"。他们走上社会，更多的是又走进了体制，走向了异国他乡。他们面对的，是父母们正在逐渐离退休老去，这个群体正在因为底层的不断扩大、中层的不断弱化而逐渐缩小。他们上面还有一个金字塔的顶尖层需要他们撑着，他们下面又有更多的底层和中层在意识和觉醒，不甘于被踩压、被收割。他们总是无法也无力给出向下的回答：怎么办？

从工业文明和科技文明发展的角度讲，新的生产力取得进步和释放，人类社会可以更好地使用更好的工具，人们理应可以越来越轻松地一边支配生产一边享受生活。但那只属于法治、自由和公平的市场经济社会的愿景。倘若没有法治、自由和公平的市场经济社会基础，生产力会被矛盾和困难重重的生产关系所束缚，收入和分配会被设计和制约，人们的财富往往仍然需要依赖廉价的劳动力和时间去积累。只要根本性的制度和市场没有获得改变，要想财富的积累可持续，就必须也只能延续大量付出廉价的劳力和时间。被保护保障的年轻人，不仅仅要在走上社会时面对这一现实，更要在某个层面的决策发生偏差和错误时，或者环境风险加剧时，承担更多。

我与95后们交朋友、学习、对话，总是想解答：怎么办？未来该怎么办？其实答案又无比简单，清晰可见于问题和焦虑的梳理之后——95后的青年们，更多的青年们，如果你们能够告别体制、告别金字塔，投身到市场经济大潮中，投身到创业创新大潮中，投身到科技文明大潮中，你们、我们、他们，所有人的未来一定可以"环球同此凉热"。

青年们，叛逆是你们的天性，奔跑是你们的自由，世界是你们的家园，你们的未来一定是"行天下、无束缚"！

高层住宅的低生育率与高死亡率

2024 年 7 月 2 日

美国作者凯特·埃瑟林顿（Cait Etherington）于 2020 年 4 月 1 日在纽约 6sqft 网站撰文认为，大量研究表明，在某些情况下，一些人口统计数据显示，住在高层的死亡率确实高于住在低层的人。一项对近期研究的调查显示，风险可能包括应急响应时间变慢、社会孤立和抑郁等。

2016 年初，《加拿大医学协会杂志》刊登了一项被广泛引用的研究，该研究发现，住在高层会大大降低心搏骤停后存活的几率。该研究涉及 7842 例院外心搏骤停病例，结论是较低楼层的存活率高于较高楼层。研究发现，16 层以上存活率为 0.9%，25 层以上无人生还。

除了由于急救人员可能被困在一楼等待电梯而面临更高风险之外，住在较高楼层还与许多其他健康问题有关。近年来几项研究表明，在传染性极强的疾病爆发期间，住在高层建筑各楼层的人比住在独栋或独立住宅中的人面临更高的风险。考虑到触摸门把手和电梯按钮的居民数量，居住在大型公寓楼的人们接触冠状病毒的机会大大增加，尽管大多数建筑已通知租户加强清洁规程。

还有心理健康问题需要考虑。澳大利亚建筑师克里·克莱尔（Kerry Clare）在2016年警告称，高层生活将人们与街头生活隔离开来，损害了澳大利亚的"城市结构"。据克莱尔称，住在高层建筑中的人越多，意味着生活在社会和经济孤岛中的人就越多，街头生活的偶遇就会受到严重影响。在很多方面，克莱尔的立场与纽约的简·雅各布斯（Jane Jacobs）的想法产生了共鸣。在她1961年的经典著作《美国大都市的死与生》中，雅各布斯谴责了高层生活，尤其是将其用作低收入住房解决方案时。她写道，高层低收入住房的走廊"灯光诡异、狭窄、恶臭、盲目……感觉像是陷阱，也确实是陷阱。通往它们的电梯也是如此。"克莱尔和雅各布斯都认为，高层住宅生活带来的社会孤立感往往与抑郁症和其他心理健康问题有关。

2019年7月21日，中国知名学者马未都发文指出，尘肺病占职业病的90%以上，城市化过程中，公共建筑、家庭装修大量使用石材，豪华的高楼大厦，大理石、花岗岩，还有各类石粉做成的光洁如镜的地面，是一大诱因。根据官方统计，目前尘肺病患者高达600万，有人把这一群体称为"农民工中的农民工"，可见地位之低。我们不能武断地把高层住宅和90%的职业病画等号，但值得每个人反思的是，各类精装修、豪华装修，各种耸入云霄的高楼大厦，难道不是一大影响因素吗？

中国东北财经大学经济研究中心主任、经济学家周天勇近年提出：人口学家的研究发现，人们越是居住在乡村和小镇上的低矮宅院中，生育率越高。在高楼中工作和居住，在地铁和公交上穿行，对生育形成不利因素。日本的乡村和小镇，生育率可达到 1.5 甚至更高，而在特大城市，生育率只有 0.6 至 1 之间。韩国逐年下降的生育率，有相关担忧和研究认为可能与高层住宅生活紧密相关。

世界卫生组织 2023 年 4 月 4 日发布的一份报告显示，大约 17.5%的成年人——全球约六分之一人口——患有不孕不育症。

南京一小区恶狗咬伤良狗，不只是一条狗命

2024 年 7 月 6 日

时间：2024 年 7 月 6 日早上

地点：南京市玄武区徐庄软件园内紫气钟山小区

当事狗：泰迪宠物犬"小糯米"，杜宾烈性犬"伪田园"

根据小糯米的主人九九（化名）所述，早上九九牵着泰迪宠物犬在小区遛玩，被突然出现的一只杜宾烈性犬猛扑撕咬，导致小糯米重伤。事情发生后，小糯米第一时间被送往宠物医院治疗，然后通过小区保安得知杜宾烈性犬的主人七零（化名）的住址并上门理论，因该户人家只有一位老年人在家，未果。再之后，七零夫妻俩知情后前往九九家，以极其嚣张的情绪表达观点：一是杜宾烈性犬在养狗证上登记的是中华田园犬，所谓"合法"；二是小糯米被咬伤应当让小糯米自己去问问"伪田园"为什么会做出伤害的举动；三是作为"伪田园"的主人没有责任，但是可以"同情性"补偿 500 元治疗费。九九表示拒绝。因为据说该杜宾烈性犬同类事件已经不是第一次发生，小区物业保安也表示很头疼、很无奈，九九只得在小区业主群告知提醒，同时致电政府 12345 和公安 110 投诉，目前尚没有处理结论。

就这起事件，年轻人九九表示无法理解的是：一是"伪田园"的主人七零为什么自己养宠物却没有另一方宠物被伤害后的

痛感和同理心，竟然以没有责任作为推脱；二是为什么非法的"伪田园"会被合法地登记为中华田园犬，摇身一变逍遥横行；三是此次伤害事件的前因后果，法律、政府、物业等各方的职责职能在哪里？助长恶狗作恶的是什么？

作为 1970 年代的人，我想从养狗再上升到养宠物这一角度，做一点叙事。早年生活在农村的时候，几乎家家户户养狗，既可以看门防贼，又可以卖了换钱或宰杀吃肉。"狗不嫌家贫，子不嫌母丑"，无论什么样的人家，也无论主人如何虐待收养的狗，狗总是会忠于和勤于主人。从这个角度讲，今天的城市人，尤其是更多的年轻人把狗当宠物养，是好的传统的传承和升华，宠物狗不会再沦为主人的盘中餐。这又让我想起"狗命"的可怜和无奈之处——也是早些年，因为恶狗伤人、疯狗病，社会上开展过几次打狗运动，那种"宁可错杀十万，不可放过一狗"，有组织、有武装、有计谋的围狗、捕狗、打狗，无数的狗在惊慌失措和筋疲力尽中被恶棍击中，号叫惨叫、凄凉的哀鸣中一命呜呼。更恐怖的是，在一切向"钱"看的市场经济到来不久，毒狗、偷狗成了城乡深恶痛绝却又大行其道的现象，善良的狗狗们几乎无法避免毒药和恶棍的命运。

我知道，作为食物链的一环，不只是狗，我们每一个人类个体，也注定要么被活食，要么死亡后被生物分解残食。

可是，我们人类，除了需要与同类交往之外，总还是需要与一些异类动物界的朋友交往。为什么需要朋友？因为我们可能会遇到困难、遭遇灾害，朋友可能会具有比我们更加强大的能力，帮助我们。动物的很多天性基因也是我们人类并不具有的，比如鸟儿可以精准地远航定位，狗狗拥有极其灵敏的听觉、嗅觉、夜视和长距离长时间记忆能力。我们人类的智慧之一应当在于，我们日常在同一空间能够共生的异类动物，通常是对我们有用的，应当和它们和睦相处，可以弥补我们的不足。在西方一些发达社会，有某些疾病和精神障碍的人，所养的狗被赋予随时随地——航班上、公共场所等——做伴的法定权利。没有亲身去过和历经的人或许更无法理解，不只是那些社会制度和经济发达，而是会有许许多多的野生小动物们主动与行人游客尽情逗留、玩耍，那代表着的是自然界文明，也是人类文明的行动真相。

尽管我们都是食物链，但是我们总不能什么都吃。

早些年我跟着周边人群的生活习性，吃狗肉，吃青蛙，吃兔子。再后来，更多的接触世界，更多的接受教育、学习并思考和认知，心灵深处的知觉做出了行动——狗、兔子、鸽子、鸟类、青蛙，实在属于异类之中可以成为最好的朋友，不可以也完全没有必要把它们作为食物。这无关什么善良，毕竟自己也还在享用其他一些动物的肉食，但这至少是一种底线：我需要朋友，我需要做到至少不去故意或刻意为之伤害朋友，更无从谈起去食用。人性，我想也大致应该如此吧。

回到现实中，特别奇怪和魔幻的现实中，某些社会正在撕裂，某些社会似乎并没有因为时间的流淌和文明的发展而进化。曾经碗底剩一口扒拉点也要养狗的那一群人、20 世纪 50 年代至 70 年代的中老年，我时常会听到他们骂骂咧咧怒怼年轻人，不只是反对养狗养宠物，还反对更多的个性。他们为什么会如此健忘，忘记了自己曾在苦难中拥有朋友，忘记了自己曾在无知时有过叛逆，忘记了自己曾在贫穷时向往远方。如果没有那一切，又怎么会有自己今天所得意和不舍的一切？为什么又要去否定年轻人拥有和喜爱的朋友、天性、远方？

我不想去对"伪田园"的主人做出什么批判。他其实只不过是某些社会现象中的一员，无知无畏而已。他养恶狗并庇护恶狗作恶，于人于狗而言，这都早已不是什么新鲜事。他甚至可能认为自己身外之物的权势、钱财可以搞定一切，就像社会上那些不计后果的炫耀和嚣张。人外有人，天外有天，如果一定要以暴制暴、以恶制恶的话，总有一种手段可以制服恶狗。当然，善良也解决不了问题，类似"大人不记小人过，宰相肚里能撑船"的儒学思想，显然是和稀泥，最终小洞不补，大洞一尺五。"小糯米"们问我该怎么办。我说，每个人或多或少拥有权势、钱财，就像每个人拼命后都处于金字塔结构中的某块砖，被压、压人，但那不是解决自身问题的根本办法。

这个社会还有一种解决问题的办法，就是说出来、说出去，让更多人评评理，至少可以让更多人规避、远离那些并非真正的朋友，无论是人、动物还是社会。

善待我们的朋友，无论是什么样的人、动物还是社会，我们毕竟需要朋友。

当然，更需要的是，那位"伪田园"的主人做出改变，我们更多人做出改变，我们的政府做出改变，我们的社会做出改变。

狗，没有做错什么，它们是无辜者。

孩子，吃习惯了就吃不出柴油汽油味了

2024 年 7 月 8 日

记得有一次宴席间，有直言不讳的孩子说，菜里有难闻的柴油味，不愿意吃下去。大人们就说，现在的蔬菜鱼肉因为化肥、农药、种子杂交，是都没有以前的可口好吃了，但是习惯了就好了。大人们显然也觉得味道不正常，但是一想到都还活得好好的，而且寿命的确都比过去延长了，于是农业社会里的俗语"不干不净吃了没病"便又成为口头禅式的至理名言。

有过做了三十多年蔬菜肉食生意的发小跟我说过："兄弟，你做企业的思维和行动太不入主流了，生意人人人都要像你这样有坚持和情怀，只能喝西北风。你知道吗，冷库里的过期肉，色泽好、产量高的蔬菜，化学药品处理过的水果，那些才是最赚钱的。我这种没有关系没有背景往公家单位送菜送肉的，只能想办法尽量兑来尽量新鲜的菜肉在菜市场守着摊子守老主顾，根本发不了财。就这样，我也不能保证兑来的菜肉都是正常的，我哪有那样的检验能力呢？"

每次听人说三十岁以上是女人的生育危机年龄，我总是无法理解。要知道，从 4 亿多到 10 亿的翻倍人口增长，是在那个战争、斗争、运动、灾难、饥荒、重体力劳动、少油盐的 30 年里，以不可思议的极高生育率实现了历史和世界罕见的人口增长。莫言在小说里写到，高粱地里干活的女人的子宫已经吊在裆部，那女人把子宫塞回去，一夜之后，又怀上了第 N 个小人。直到今年前不久，我阅读了哈佛大学教授近年撰写出版的 500 多页的一本英文原著，费力地思索发生了什么、为什么。可是却不可能有答案，即使有答案，答案也一定是孤独的。不孕不育率的逐年上升，癌变率的逐年升高，重症抑郁与自杀人群的司空见惯，以及狂热式集中挤爆景点的自嗨规模，或许都是答案。

我们从来不曾富有过，就像我们绝大多数人从来不曾被真正的教育和科学拥抱。偶尔，那极少的人接触到了真正的教育和科学，他们的脑细胞获得释放。100 年前的《新青年》、45 年前的"解放思想"，在 5000 年的天空升腾起一束绚丽的烟花。烟花升起，烟花落下，其间的人们误以为那将永恒。没有人告诉绝大多数人，真正的永恒是什么。尽管每天有日升日落、月升月落，即便告诉了，绝大多数人也不愿意相信。尽管教育代表着自由，科学代表着规律，绝大多数人宁愿做金字塔亿万年的一块方石，放弃做山川河流间的一个自我。

从毒奶粉、毒牛奶，到毒游戏、毒平台，再到带着柴油味、汽油味的毒食用油，国人或许应当继续践行"儒学"理念，换位思考，以"大人不记小人过，宰相肚里能撑船"的风范，反正也不是哪一个人遭了殃，千万别伸头与恶人对抗，以保护好自己。那十年寒窗，空气里的声音，书本里的墨迹，有毒还是无毒呢？癌变率、不育率、重度抑郁与自杀现象一浪高过一浪，哪一个背后不是实实在在可见的下手？每日里慨叹的是，太多磨难苦难所成就的题材可以文学，可是，写了又有什么用？没有用，

没有用，没有用。比如前天写下的《南京一小区恶狗咬伤良狗，不只是一条狗命》，当事狗不过只是一条狗命，无论它如何幸运地获得了主人的救赎，也只是在它的社会环境里获得了偶然和幸运。

孩子，吃吧，吃习惯了就好了。不要相信新闻和网络里的什么油罐车乱装油，要相信那个体制是好的，相信，就是信仰，就能给你战胜恐惧的力量。没有人不想吃上点好的，可是，为了生存，大家都在吃，既然都在吃，那就是机会。

事关每一个人的国运大势面前

2024 年 7 月 10 日

有文字记载以来的中国，从炎、黄、尧、舜、禹的帝制时代，而后是世袭帝制的夏朝直到清末，并没有因为一次又一次底层社会推翻当政的王权而终结帝制。反而，帝制在约 5000 年的形成和再固化过程中，被老百姓认同为一种社会秩序应有的结构，天子等同王法，人们寄托于最高权力对社会的约束而有理和有序。

石器时代人类留下的两个建筑结构成为奇迹，一个是埃及的金字塔，另一个是英国的巨石阵。两种结构似乎代表着不同的思想文明，金字塔象征着帝制社会的结构，巨石阵象征着民主社会的生态。尽管至今仍然存在，很显然，金字塔保持着纹丝不动的完好，而巨石阵是遭到过破坏的遗址。这是否意味着，与食物链顶端的虎、狮、狼等哺乳动物种群一样，人类的天性就该是称霸尊王，继而以自然环境中山体形象为金字塔社会结构形式存在，这才是永恒？答案似乎已经有，又似乎还在探索。即便是在西方民主文化影响下的社会，除了美国、韩国、澳大利亚、新加坡等一些后建制国家的总统或总理制之外，英国、荷兰、西班牙、日本、泰国等国家依然在民主的实质上保留着王室的尊崇，在法制上也称君主立宪制。

称霸尊王，用自己的思想意识形态改变、统治、控制一个社会，营造金字塔结构式的社会秩序，总是有这样雄心勃勃的人物在竞争搏斗中向上。

1949 年 3 月 5 日至 13 日，西柏坡会议（七届二次全会）认为，国营经济、合作社经济、私人资本主义经济、个体经济和国家资本主义经济将是构成新中国经济的几种主要形式。对于这几种经济成分，政策应确定为：第一，必须没收官僚资本，使这部分经济成为社会主义性质的国营经济，成为整个国民经济的领导力量。第二，对于占现代工业经济第二位的私人资本主义经济，必须采取既利用又限制的政策。这就是说，利用它的积极性，以利于国民经济的恢复和发展，但必须限制它的消极方面，将其纳入国家经济政策和经济计划的轨道。第三，对于占国民经济 90%左右的农业和手工业经济，必须谨慎地、逐步地而又积极地引导它们通过合作社的形式，向着集体化和现代化的方向发展。

建国 75 周年以来，翻开历届会议的核心文字记载，可以清晰地看到，经济政策始终具有连续性、连贯性、传承性。写进章程的几代核心领导人和领导集体，不曾有任何人动摇过经济政策的根本定性。无论任何人有任何的误解，因为哪一代领导人和领导集体在经济建设上有着豪言壮语和丰功伟绩，所以认为如果怎么样就会怎么样，这都只能是误解。实际上，任何越界了经济政策根本定性的人员，都半途而废。

崇尚西方民主和自由的人士可能也只能放弃情怀和幻想，面对固若金汤、延续 5000 年的帝制文化以及其延展的智力和权力所构建的量场，绝非危如累卵的空想。具体到当下的现实中，体制内的工薪阶层，即便是数月、一年两年不能正常领取工资，也莫要担心会有人不讲奉献。当然，倘若是私企，无论你何种原因拖欠薪资，你的员工一定会联合体制部门"依法"把你逼到墙角。从毒奶粉、毒牛奶，到毒游戏、毒平台，肛拭子日日核酸，再到"泡沫房价""煤制食用油"，只要发生不是哪一个人遭殃、而是所有人一起遭殃的事，就一定都能耐得住、忍得住、扛得住、吃得消、嗨得欢。每个人都聪明地知道如何运用精致的利己主义保护好自己。必须知道的是，与过往的 5000 年、过去的 100 年相比，所有人生活都在变好。尽管这仅仅只是纵向比，缺少了横向比，但在汉语言环境中，可见的纵向比较，可能就是绝大多数人认知能力的全部。

轰轰烈烈的集体公社搞过，轰轰烈烈的商品化产业化搞过，再搞一次轰轰烈烈的国营和创新。轰轰烈烈的来，轰轰烈烈的去，这就是运动和斗争。一边是超越现实时空限制的无人驾驶在晴天白日轰轰烈烈地在街头行驶，一边是芳菲四月，农田里的人依旧唱着秧歌、卷着裤腿，看不见同一个世界里的科技农业。

人类生存有一种极容易达成的简单且易行的共识："一辈子几十年就过去了，想那么多干什么，你能改变得了吗？"没有错，5000 年的循环往复难道还不足以验证金字塔保持着纹丝不动的完好吗？站到顶层，站到远方，去看，帝制文化的巨大优势和优越性，没有人可以撼动。

客观地讲，帝制文化也确实发生了进化并改变。比如君主立宪制，在地位和权力形成默契的基础上，地位向权力做出了让步。再比如奴隶社会的奴役，封建社会的剥削，在私与公之间达成了默契的基础上，私权力向公权力做出了让步，称为人民民主专政。

崇尚西方民主和自由的人士必须看到，没有君主的纯粹的民主自由的那些国家，精英且富贵，正在使得他们失去快速改变世界的战斗力。这是人性的精致自私性决定的。世间百态，共识者共居一隅，足矣。更何况，民主自由也在一定程度上持续遭遇破坏，不知道哪一天，会不会变了模样。

"如果丢失了政权，经济发展还有什么意义？""令行禁止，政令畅通。""要深化改革，但是根本制度不能动摇不能改变。"既然民主和法制要向政治和权力让步，那就无须再谈什么平等和自由，阶层更迭的方式方法和最佳途径，是运动和斗争。经济发展会怎样？就要看赌上国运的三个方面：一是推进国资国企改革，二是加强帝制社会与帝制社会之间的开放，三是提升与民主自由社会之间的科技创新竞争能力。或赢或输，能不能全盘赢，都已经是一场国运大势。

事关每一个个体。国运大势面前，要么参与，要么抉择。

从人社部鼓励家政就业谈公平养老钱

2024 年 7 月 25 日

近日，人社部鼓励更多劳动者到家政行业就业。家政行业，众所周知，就是给别人家庭做服务，包括给老弱病残端茶喂水，给正常人洗衣做饭，给大宅大院家庭清洁打理，等等，在旧社会的有钱人家通常雇佣佣人或下人类似事务，如今新社会美其名曰"家政工作"。

作为一个全球工业体系最完整的制造业强国，工业文明、科技文明、精神文明均已经随处可见宣传标语，见证发展程度，生产力的进步竟然没有能够让人们更加轻松地享受工作和生活，其原因何在，不得而知。

中国作为社会主义国家，政府始终心系人民，比如"为人民服务""让一部分人先富起来，带动全体富裕""工业反哺农业，不能让农民吃亏""只生一个好，政府帮养老"，朗朗上口，人尽皆知。也因此，老百姓理解政府，支持政府，相信政府。既然在连年公报 GDP 增长的情况下，经济和就业仍然面临困难，那为什么不能用工业和科技生产力理应产生的大量盈余，让人们索性轻轻松松地工作或休闲呢？况且，一部分人确实已经先富起来了，那些行政、事业、国央企所谓"体制内"的在职和退休群体，一个多亿人数肯定有吧。他们带头说过的话，做过的承诺，那就该让他们响应起来。

20世纪60年代和70年代出生在农村的人，大多数都清楚地记得，当年如何交公粮的。再穷，再苦，再难，哪怕田地里歉收、绝收、锅里上顿不接下顿，也要把"上交提留"的义务先尽掉。没有怎么办？乡里、村里的干部会组织力量上门强制征收，可以用值钱的家禽、家畜、杂粮等等抵上。实在还是凑不够，那就形成债务，来年有点收成就先"欠债还钱"。那时候的农民很实在，彼此的口头禅是"老祖宗都一直交皇粮国库"，谁能赖得了，交吧交吧。有点文化的人在其中也往往理屈词穷，只得盼望着有一天能够"一部分人先富起来，带动全体富裕""工业反哺农业"。

再有就是整个20世纪80年代和90年代的计划生育，有政策，有任务，干部政绩一票否决制，在大宣传和强措施之下，可谓轰轰烈烈。一旦谁家涉及违反计划生育政策，牵牛拉粮抄家的，推土机上门扒房的，摁倒送医院解决或就地解决的，应有尽有，应抓尽抓。凡是独生子女家庭，都只好也只能盼望着，盼望着，"只生一个好，政府帮养老"。

响应政策，拼命干活，干出了全世界工业强国的名号，科技创新的新闻一条又一条告诉人们生产力位居世界前列。钱去哪了？为什么农民们少得可怜的一点养老保障政策还要自掏腰包连年增加交"农保"？又为什么"体制内"的人退休金和医疗养老保障都能节节攀升成为真保障真享受，曾经保障他们的农民、农民工、普通工薪阶层却成为具有巨大落差的社会底层？为什么，为什么，又是为什么，很多家庭两代四个劳动力辛辛苦苦两辈子供养一个孩子的教育、住房、健康，仍然捉襟见肘甚至债台高筑？

社会主义所倡导的，也是与资本主义应有区别的，即在社会主义，劳动人民可以享有均田地、均贫富的公平与平等。从现状看，社会主义出现了问题，是当政者的问题，还是老百姓的问题？

那么多那么多的税收、费收，那么多那么多的卖地钱、外汇，那么多那么多的住房公积金余额，那么多那么多的人起早贪黑每天在现代化产业体系中工作十几个小时几乎不休息，钱，究竟去哪了？

一切似乎都成为问题，没有答案，又其实都有着清晰的答案。人社部既然能够大言不惭地鼓励人们干家政，是时候评评理了——人社部也赶紧把全社会人们的退休金养老钱搞公平平均一下吧，那才是人社部的"共同富裕"政绩，才是代表着国家和人民的政府该兑现的。

三件事让你的孩子跻身千分之一

2024 年 9 月 18 日

在中国，各行各业的"内卷"已经上升为国家大事。教育，当仁不让，每一个家庭都寄希望于通过教育让下一代成为精英。教育的"内卷"始终会存在，又如何在"内卷"的教育中让孩子脱颖而出呢？下面这三件事，可以让你的孩子成为中国大陆千分之一的人。

第一件事：一口流利的美式英语，跻身千分之五。

依照 14 亿人计算，千分之五的比例是 700 万人。不包括港澳台地区，粗略估计，人在国外和国内能够听、说、读、写流利美式英语的，最多也就不到 700 万人。本质上讲，人人都可以学得出一流的美式英语，学习的年龄越提前越容易学成。因为语言算不上是工程学科，就是一种人的本能基础的习惯性训练。鉴于科技与经济的全球绝对领先度，美式英语在全球通用。

第二件事：一项熟练的职业技能，跻身千分之三。

职业技能不是语、政、史、数、理、化的成绩有多好，而是能够从事什么样的劳动。大到飞机轮船修理，小到焊工或园艺，技能是社会的永远需求。一口流利的美式英语，再有一个信手拈来的证照加身的职业技能，现在在美国就可以享有至少 40 美元每小时的良好工作环境。如此高阶的收入，在中国大陆绝对不会超过 400 万人。

第三件事：一个热衷的兴趣爱好，跻身千分之一。

球类运动、写作、绘画、销售，等等都属于兴趣爱好的范畴。要明白的是，兴趣爱好不是生存吃饭的必要条件，但一定可以陶冶情操、培养积极人生观。每个人天生都会有某种兴趣爱好的基因，有的人会因为缺乏培养升华而一无所获，有的人会因为持续追求并行动而声名远播。可以想象一下，某个人既有一口流利的美式英语，又掌握熟练的职业技术，还是运动员或书画家，这样的人在中国大陆不会超过 100 万人。

这三件事看上去都并不难以实现，只需要早日计划并付诸行动，持之以恒，就极大可能成为那千分之一的人生赢家。当然，要想成为那千分之一，上述三件事缺一不可。

"不谈政治"是伪政治，"万能政府"不能纵容

2024 年 10 月 2 日

两耳不闻窗外事，一心只读圣贤书。出自《增广贤文》的这句谚语，本意是勉励读书人要少管是非，多钻研学问。久而久之，这句谚语被流传成民间对待政治的自诩。不谈政治，不沾政治，不问政治，不仅是一些读书人的所谓"境界"，还被时常以勉励的口吻告诫他人"事不关己高高挂起"。

政治究竟与我们具体的每一个人有没有关系？是不是那些"不谈政治"的人就与政治没有了关系，远离了政治？

1905 年，孙中山把英文 politics 翻译为"政治"，他说："政就是众人的事，治就是管理，管理众人的事便是政治。"

据《孙中山民权思想述略》记载，早在 1924 年，孙中山完整地提出了"权能分开"的思想。他认为，老百姓既希望有一个万能的政府，又害怕有一个万能的政府。希望有一个万能政府工作效率很高，能为人民谋福利；但又害怕这个政府权力太大，人民无法控制它。孙中山觉得这个矛盾当时各国都没有解决，而他却解决了。他是如何解决的呢？就是实行"权能分开"——把政治权力分成政权与治权两部分，也就是"权"与"能"。政权即人民权，是"集合众人之事的大力量"；治权即政府权，是"集合管理众人之事的大力量"。

在政权和治权这两大权力中，孙中山认为政权是国家权力

的主体，是一种"管理政府的权"，它包括选举、罢免、创制、复决四权。其中选举权与罢免权是管理官吏的权，而创制权与复决权则是"管理法律"的权。治权即政府权，是"替人民做工夫的权"，它包括行政、立法、司法、考试、监察五权，由中央政府设立相应的五院来行使。孙中山认为政府有了这五种治权，才能成为一个"万能政府"。同时，人民有了选举、罢免、创制、复决四权，就有了控制政府的力量，就不怕政府到了万能而没有力量来管理。这种思想也称之为"权能均衡"或"分权制衡"。

可见，无论如何字面解释或表述，政治其实就是权力。并且，政治不仅事关每一个人，更是需要每一个人都"关心"政治，才能够形成"人从众"的力量去控制政府。

有人会出于富足只顾游山玩水，有人会出于安逸乐于深居简出，有人会出于学习埋头刻苦攻读，有人会出于生存日夜忙碌操劳，却无论如何，都会因为政府的这样那样治理，而影响到衣食住行。即便是有人出于好心好意，劝告亲朋近邻"不谈政治"，大多也是担心对方因言获罪，事实上就是希望对方远离政治的某种"恶"的存在。本质上讲，这种"不谈政治"，往往是纵容政治，任由政治的"恶"伤害除自己关心的人之外的其他任何人。当每个人都如此想法和作为之后，每个人又都会成为被关心的人之外的其他任何人。所谓"覆巢之下安有完卵"，"雪崩时没有一片雪花是无辜的"，等同意境。

看似"不谈政治"，实则纵容政治、包容政治和助长政治，政治的善如是，政治的恶亦如是。更深一层次地讲，政治的恶或许一时不至于伤害到所有人，但是对政治的恶的纵容、包容和助长，一定在无时无刻影响或伤害着所有人。

政治是每一个人无法不谈的，也是每一个人无法远离的，尤其在时时刻刻要求人人"讲政治"的社会。所以，"不谈政治"是最大的政治。换句话说，连政治都不谈，又何谈爱世界、爱国家、爱亲朋、爱自己？

三代工薪人的生存现状和未来

2025 年 1 月 31 日

若非贫困的生活所迫和生计改善的向往，没有人真正地要背井离乡。打工仔的去处是将就和劳作的地方，不是旅行者的诗和远方。有钱没钱，回家过年。曾经童年和少年时的那个住所，才是应当建设成更好家园的地方。

事实上，绝大多数农民的职业早已边缘化，仍然被定义为农民，或许仅仅是因为他们还有着承包土地，但是他们几乎全部的收入来源是做工。雇工，工业化时代的工薪阶层，成为社会大众最大和最普遍的职业群体。

本文以 1970、1980、1990 三个年代出生的工薪阶层个体的表述方式，透视当前工薪阶层的生存和处境。

大张，70 后。

眉间的川字纹是整个面部沟壑中最为深刻的，他说这是近几年一天又一天愁出来的。夫妻俩在 2018 年国庆节后就早早成为打工大军"返乡潮"中的一员，因为沿海地区很多工厂的订单不足，提前停工停产放假。不曾想到的是，过了 45 岁的人就会被用工单位年龄歧视，能够从事的有限工种竞争激烈，那之后就只能在家乡或外地找临时工，这儿干一阵子那儿再干一阵子。孩子处于大学毕业阶段，不仅找工作难，即使找到工作也不会有多少钱可挣，谈恋爱结婚都面临着需要花大钱，家里有限的积蓄根本经不住吃老本。更要命的是，父母年事已高，虽说农保可以在生病时报销约 80%的医疗费，但那剩下的 20%或者必须进口药治疗的部分也不是一个小数目。夫妻俩早些年打工都是没有社保可办可交，后来工厂给办了社保，但是距离交满 15年的社保年限还相差近半截，现在按照自由职业者缴费，是一笔不小的开销不说，到老了其实也没有多少钱的养老金。打零工，开店做小生意，搞种植养殖，快递送外卖，夫妻俩能想到的办法都实施了，依旧入不敷出。房价一天比一天涨，还有十来年的贷款要偿还，卖吧卖不了几个钱，继续还款就要节衣缩食。孩子并不能完全理解，且会有抱怨，因为身边的同学朋友毕竟总会有一些来自富裕家庭的人可以影响和比拟，社会再难，巨大的人口基数之上的富裕者仍然不是少数。大张说，一代人有一代人的命，他只能认命，活一天是一天，真的活不好了，就学着老家村里的一些上年纪、被病痛折磨的老年人自行了断，尽量不给年轻人增添负担。

楠子，80 后。

地道的城市女孩，出生于二线城市的工人家庭。如果不与她深聊，洋溢在脸上的青春看不出她的困难。正如她所说，回到家关起门，好不好、难不难都是自己个儿的事，说给谁听最多也就是一个情绪，可是，情绪能够解决所有问题吗？不能。"地道的城市女孩还是应该有优势的，毕竟同龄人的大多数都还出生于农村"，但是楠子并不认同这个说法。由于父母当年都是工人，享受着那个以农业为主的时代工人阶级的优越待遇，这种影响和鼓励让独生女也不会去创业，从事公司的行政或人事类相对轻松惬意的工作。年轻时相信爱情，不顾父母的反对，嫁给了相距数百公里另一个城市的同学，对方也属于家庭条件一般但是有稳定工作的那种。一定要找优越感，那就是结婚后的一家三口有一个不到 100 平方米的房子，再普通不过的社区环境，父母的积蓄全款买下，不用还房贷。除此之外，不堪一击。最致命的一击是老公的国企单位近些年一直没有涨薪，绩效更是一年比一年少，老公于是想多挣钱想疯了，去买股票、开抖音小店、参与网络投资，暴跌、亏损加受骗上当，等到自己发现的时候，家庭已经负债累累。跟着来了第二击，老母亲患上癌症，既要想办法花钱买进口药，自己还要不停在两地奔波。再就是第三重重击，自己工作的民企近五六年连年亏损且收不回政府和国企欠下的项目款，不得不向银行举债，最终由于无力按时归还贷款而遭到起诉、冻结，轰然倒下，包括自己在内的上百号员工瞬间失业，无法拿到拖欠半年之久的工资。怎么办？没有好办法。新近就业的民企同样处于亏损中，薪资较以前少了三分之一，作为 HR 的一员，自己在年前按照老板的要求亲手裁掉了近一半的员工。为了读小学的孩子能够跟得上班级同学的进度，少不了要报培训班、兴趣班、活动营，自己一个月的工资勉强够支付孩子的花销。婚姻危机自不用说，经年累月分居在一个屋檐下，夫妻只是法律上的名义关系。好看的楠子大笑着握起拳头说，烂吧，狗 × 的社会烂得更快更彻底一些吧，让暴风雨来得更猛烈一些吧，老娘大不了拼上这条老命！

王子，90 后。

正如他的名字，整个童年他在家里就像一位王子一样受宠，尽管他是一名农村的留守儿童。很小的时候他就知道他本应有一个妹妹，娘胎里六个多月的时候按照计划生育政策被强行引产。盼星星盼月亮的妈妈在得知引产掉的是一个女婴时，本就虚弱的身体哭得死去活来，大半个月身心受到折磨，落下了好几种老病根，只能从事一些简单的临时工作。王子的爸爸常年在外打工，除了 2004 年家里翻建楼房在家待了半年，每年也就大年三十到正月初五能够和家人团圆。王子高中没有毕业就辍学了，家里人再多讲读书有出息的道理，也拗不过他多年被宠的个性。最先是去一个游戏厅做服务，150 元一天，干一天算一天，没有劳动合同更没有社保，但是对一个辍学小青年来说已经是天文数字了，一直干到 18 岁成年。那之后他向家人提出和另一个朋友合伙开一个烧烤店。那会儿中东部的四五线城市和县城大街小巷都因烧烤店烟火气十足，呈现出一幅现代版的《清明上河图》的景象。王子与合伙人的设想是一定要开好第一家店，盈利了成功了再开设第二家、第三家……不少餐饮业老板被政府作为企业家表彰，成为人大代表、政协委员，各种表彰宣传都刺激着年轻人的神经，王子当然也想象着身披红绸被表彰为企业家的那一天早日到来。

他哪里知道，人算不如天算，天算不如命数。倾尽全家积蓄外加举债的烧烤店前脚开起来，后脚周边就一家接着一家地跟风开店，拼服务，拼菜品，拼价格，拼赠送，一直拼到王子的烧烤在两年多后倒闭血本无归。现在呢？王子说，他在烧烤店关门后一蹶不振了很长一段时间，再然后在一家民企找到了一份给老板开车的工作，刚工作不久新冠疫情就来了。开始是老板不怎么出门了，他也就守着停车场的车子无所事事，整天刷手机抖音。再之后老板当着他的面时常向人借钱，也时常被人讨债，还有时邀请他一起喝小酒，久而久之，老板和自己都有了抑郁倾向。直到有一天老板跟他说，兄弟我养不起你了，走吧。那是2022年夏天，王子失业了，才交纳三四年的社保不得不停掉，改行开网约车。

王子说，三十而立，可是自己的现状让家不像家，老婆只能没日没夜地做服务类工作并照顾孩子，自己开网约车也累到腰背部病变，家就是开车累到极致之后的一个临时汽车旅馆。挣不到钱，真的挣不到钱，挣到的那点钱在高物价、高花销面前，捉襟见肘。王子说他的爸爸在疫情第一年返乡后就再没有机会外出打工，在家承包了几十亩地种花卉种药材和养猪养鱼，身子累垮了不说，这几年也是一年不如一年地亏损，能借的银行和亲戚朋友都借了，直到实在借不到了低价变卖偿还一点是一点，厚着脸皮撑一天是一天。谈到未来，王子确定地说自己是没有未来的，但是从手机的朋友圈发出的美食美景各种嗨玩嗨乐看，似乎别人是有未来的。只不过，隔三岔五，有儿时的玩伴也向他张口借钱，那意味着，也在难。

写到这里，我的鼻子已经发出酸楚的信号。每一次与最普通的工薪阶层聊天，谈到他们有过的公司年会、年夜饭、年终奖、年终红包，无不再现和洋溢在他们脸上。他们的手机里珍藏着那些付出与收获的场景的照片，虽然已是过去。他们发出最多的问号，是为什么，为什么那么多他们眼中的能干的、慷慨的、荣光的民企老板们，会一个接一个地倒下。因为以他们的认知，很难很难理解，在身边一部分体制内工作的人依旧盆满钵满信心满满，在国家政府一道接着一道发展民企振兴经济的政策之下，为什么他们的民企老板们却纷纷无能为力了。他们说，如果能有一家经营正常稳定，也就是说订单正常、利润正常的民企接收自己工作，那将谢天谢地。可是，或许还有，但真的太少太少了，轮不到自己被接收。国企找份工作？没有关系，没有年轻，没有顶流学历和证书，做梦都不敢做。

机会仍然在中国

2025 年 5 月 13 日

政治、经济与社会问题多不多，很多。有人会说，我们的组织在回避或掩盖这样那样的问题，用控制舆论的方式。这样下定论的人，我们不妨把他们看作是新民主主义者，虽然他们早已不是 100 年前那群无产者，但并不妨碍他们的情怀——向往自由，希望改革，希望过上更好的日子。但是今天的新民主主义者们也应该看到，政客们每年数以百万计跌落权力的神坛，商业和商人们在成片成片地倒下，投机心态的每一个买家不得不面对因买涨而涨的泡沫破裂。这些还算不算把问题摆在桌面上？显然要算。

新民主主义者普遍认为，专政主义者客观上事实存在，并且是他们的对立面。也就是说，专政主义者如果做出改变或者下台，按照新民主主义者的方法论去践行，那些政治、经济与社会问题就可以得到很好地解决。果真会吗？且不说世界上还没有哪个组织有一个系统的完整的大国国情的解决之道，事实上，当下那些新民主主义者自己就一直在国情的演变中实践，也是到了问题暴露之时才感知到了问题。我们面临的究竟是一个什么样的问题？其实可以很简单地比喻——曾经一大群如饥似渴的人，有了一大批新的生产工具，不顾一切地开发、开发、再开发，每一个人都为了让自己吃饱吃好、穿暖穿好。

对，我们为什么成为世界上最大的机会主义者？因为我们是一大群人，遇到了一大批新的生产工具，任由我们开发我们的自然环境。我们不是没有自由，我们是太自由了，自由到我们整个群体都出现了问题。在政治界有一个名词，叫塌方。不止是政治界，我们整个经济和社会的信仰、整个的欲望都塌方了。于是我们其中的人有说，我们没有信仰。

新民主主义者们要清醒地看到，机会仍然在中国，而且正是因为存在着复杂而危险的问题。并且，这样的机会并不属于中国独有，世界历史上的各个国家、各个民族，都在问题和矛盾中产生了新的正能量，注入新的活力，生长出新的人才，成就出新的文明。

物极必反，水到渠成，全人类社会都永远活在这样的规律中。当贪婪成性的奴隶主们拥有更多的奴隶获得更多的剥削成果的时候，奴隶们把生产工具用作了反抗。当闭关锁国帝强民弱之时，外来侵略者们轻而易举就用大炮轰开了所谓的铜墙铁壁。当资本家们一次又一次开发新的科技工具用于固化生产关系、垄断生产资料之时，生产力成果必须再分配、重新分配，因为在广大劳苦大众面前，最危险的是资本家们。

机会仍然在中国，这不仅仅是问题的另一面，更是资源的长期存量将要转化为能量的一面。如果小农作业向规模农场转型，公寓式房产向私有化家宅转型，任何体育运动向全民参与转型，政策式行政向法治化市场转型，那将会让更多存量的资源使用更多新的生产工具、生产资料，在全世界发生更多新的生产关系。所以，机会在中国。

新民主主义者们当下应该怎么做？那就是要呼唤，让更多人听见机会在哪里，机会仍然在中国，机会在中国的哪里。

政府的小鬼们不顾民企死活

2025 年 5 月 22 日

一个老板发来一段微信聊天截图给我看，大致的事件是：刚刚创业注册一家公司不到两年时间，年前把收来的钱都支付给员工工资和供应商了，账上也就没有什么余钱了。没有预料到的是，外面的代账会计疏忽，没有提前提醒他进项发票、销项发票、企业所得税等等，导致 4 月份需要交 3 万多元的税款。实在没钱，过年后整个春季里也没有接到订单，就拖欠了一个月税款。到了 5 月这两天，税务人员就各种恶语相加，大有不给钱就要灭了公司的暴力味道。

税务人员威逼之下，老板去借钱了。换位思考，欠老板们的钱他们会怎样？

这刚创业不久的老板无法理解：公司经营困难造成的拖欠税款，我做老板的确有错，但是我会去承担拖欠导致的滞纳金、罚金和信用不良记录，为什么就不能容我延迟支付？而且还威胁让我产生恐惧？并且，为什么他们政府和国企就能经常拖欠民企款项很久很久？（国务院连年发文，连年解决不了。）

我告诉这位老板，太正常了。因为在你所在的这个地方，也许县市主管的主官会在大会小会上说要解决民企困难，但是在地方政府各个部门的小鬼们心里，民企的困难都活该自做自受，少几个、有没有民企并不会影响他们公务员和事业单位的身份、待遇。

那怎么办?

没有好办法，只能等到烂尽根子之时，也痛到伤到他们的那一天到来。

法院冻结创业失败者的失业补助金

2025 年 5 月 24 日

我问一个创业失败的老板，究竟还想不想继续创业，还有没有可能再次白手起家？毕竟，那么大的一个中国社会，机会总应该还是有的。

他无奈地苦笑了一下，说我还是低估了现今一个失败的中国创业者的困难程度。他说，夫妻二人申请的失业补助金都被法院冻结了不能使用，生活完全处于靠耕种和他人接济的状态，还谈什么白手起家。

他继续说，作为债务人，如果他是隔着法院和判决书与债权人相对，应该最想的是早一天拿到钱。可是现在法院这样的做法，打着为了保护债权人的权益，心狠手辣到让债务人几近无法生活，完全是伤害了原告和被告双方。

他说，如今因为那三四年社会大环境而亏损、断裂导致的欠债，相比较曾经创业经营过的资产数据，真的不是什么天文数字，四十多岁的自己只要还能再创业，大概率极能够还清。当然，需要时间，而不是时间和空间都不给，法院现在这样逼迫。无论如何都无法理解，法院为什么要这样逼迫？那么多的负债人因无法生活而在媒体上哭诉，难道国家高层看不见吗？就不能改改法律吗？

说到底，他认为，因为法院既不是债务人也不是债权人，刀没有割在法院的人身上，不知道痛，所以也就不知道如何缓解痛楚、治疗痛楚。

我告诉他，按照相关规定，法院可以对失业补助金强制执行，但需要确保被执行人的基本生活需求。也就是说，法院仅仅可以执行超出生活必需的部分。他可以去找律师，向法院申诉。

他又苦笑了一下，说你怎么如此天真？我当然知道寻求律师的帮助，可是这种事情，我问了几个律师，都告诉我太难了，因为需要举证基本生活需求的材料太难了。况且，律师要收费，又哪来的钱去支付呢？不是我一个人，那么多的被限高、被执行人的各种可用钱的账户都被冻结了，都没有办法。即使找人借钱支付律师费，如果没有成功申诉，那又增加了负债压力。

政府、社会上都说，创业者、企业家是一个国家和社会的精英，是不可多得的人才，中国的老话也是失败乃成功之母。那为什么，没有一种机制，让那些人才在失败之后还能继续吸取教训、迎难而上？非要步步紧逼，逼迫到连合法的失业救助金也要被冻结而不能使用？那失业补助金存在的意义又是什么？

在创业者、企业家经营失败而导致负债和被执行这件事上，我带着太多的疑问和思考，翻开美国和欧洲为数不少的企业经营史，竟然发现那些几十年、上百年的优秀企业，竟然都有过类似的失败。对于一个百年企业的经营史而言，失败似乎是一个必然要面对的常态。最为关键的是，那些而今存活且非常具有竞争力的企业，无不是在失败的基础上清零，再战再创业，继而持续稳定上升，迸发出强大的活力和竞争力。

中国社会近年来一直在持续的国际经济竞争中迎战，又遭遇了长达三年的病毒灾害，再又处于科技创新能力发展的巨大转型时期，本就一片空白无知的创业者们，还没有稳固企业经营的根基，就只能风雨飘摇。如果在这种时刻，法院以最无情甚至带着争议的判罚手段施压，无异于刻意摧毁一个成长中的精英人才群体。

家庭视之如珠，社会弃之如草，写给 Z 世代

2025 年 6 月 7 日

国际上，通常将 1995 年至 2009 年出生的一代人称为"Z 世代"（Generation Z），也称"网生代""互联网世代""二次元世代"。

普遍接受过系统教育的 Z 世代，在信息爆炸、内容碎片化的环境中离开校园、步入社会。除了极少数入党入编、专长适配的幸运者能在精准的定位上起步前行，绝大多数 Z 世代不得不被时代抛入极其惨烈的竞争中——拼关系找工作，好企业好岗位数量有限；投简历找工作，体制外企业的用工需求锐减；鼓起劲创业，却只能在连夹缝都消失的市场丛林里求生。

家庭把 Z 世代当宝贝，社会把 Z 世代当草籽。在我与数十乃至上百个 Z 世代的直接接触中，看到更多的是无奈、等待与焦虑，抑郁者不在少数。写这篇文章，不是要讲什么大道理，只是想和 Z 世代聊聊：该怎么办。

答案只有一个字：动。

最要不得的心态，是"家里还能躺、还有饭吃，就先待着"。这不是休息，是在无谓地消耗时间与意志。同样，若非出于真正的兴趣或专业深造的必要，也不要在本科或专科之后继续赖在学校里，用青春换一纸文凭。

时代不会因为你的等待而放慢脚步。唯有动起来，才有可能在草籽落地的地方，真正生根。

究竟是什么导致了大量失业？

2025 年 7 月 4 日

有人将大规模失业归咎于科技变革与产业升级，仿佛是时代的必然代价。我以为这是一种推卸责任的叙事——技术进步本是各行各业提升生产力、创造就业与收入的良机，何以在这里成了剥夺谋生机会的理由？真正应当追问的，是那些以僵化的保权保位思维干预社会发展的治理者。他们口口声声为了人民，实则以意识形态划定人们生产与生活的边界，把本可生机勃勃的社会分工压缩进一条越来越窄的通道。

我想以自身为例来说明这个问题。我在应用技术创新和社会经济类写作上有些心得，但若把我放进体育、音乐、艺术或理工领域，我必然手足无措。我学不会耕田耙地，也学不会踢毽子、跳绳和球类运动；我五音不全，不会作画、编织、雕刻；名人名句和数理化公式，我实在记不住。这些我视为自己的基因缺陷与天分不足。但正因如此，我更深切地理解：倘若没有一个容纳新产品开发的时间与空间，又限制我的写作范围，我必将失业，或者只能挤进最简单的体力劳动行业——车夫、挑夫、跑腿。

想到这里，我想起沈从文在"上山下乡"十年浩劫中的落魄与窘迫。身边没有了书，没有了纸和笔，他只好像木偶一样落寞地坐在田埂上，看着妻子张兆和插秧劳作。他能够理解农耕，却无法混迹其中；妻子则在那个年代完全无法理解他。一种人的逻辑是：肚子都填不饱，文章有什么用？另一种人则知道：没有教育与思想，就不会有科学、技术与生产力的进步，人只会永远轮回于靠天收的命运。

天生我材必有用，前提是有千千万种"我"被放置在一个足够开阔的社会形态里。不拘一格降人才，前提是允许人才的千差万别。

但我们看看当下：褒奖可以不受限制地唱响，批判却遭遇无端惩戒；从土地到书本，处处是这也不能、那也不能的禁足红线；自然景观以"保护性开发"为名拉起围栏收费；文体活动要么沦为官僚管治，要么被定性为生活腐化；一边要打造国际化的城市、机场与贸易，一边又将外国人的生活方式、消费习惯和节庆文化定义为文化"入侵"。人们的生产与生活，无时无刻不受到某种极端意识形态的束缚。

意识形态一旦狭隘，社会分工便随之收窄。行业的可用之地越来越少，于是万众争挤一条独木桥。政策支持哪个产业，便一窝蜂涌向哪里。科技创新本是提升全行业生产力的利器，也被搞成：制药就是高科技，制造圆珠笔芯就是低端。殊不知，所谓"传统、低端、落后"，往往是那些没有实践经验、不懂社会运转的人制造出来的伪命题。手工加工在许多行业完全可以在保证高质量的前提下提升劳动价值——一把紫砂壶，一只皮箱，一处匠心建筑，既能增加就业，又能传承技艺，还能溢价增值。怎么就"低端落后"了？难道只有那些靠全体纳税人补贴维系、模仿抄袭的舶来品，才算"新兴、高端、先进"？恰恰相反，那些工法与技术不断精进的手工业、加工业，内在的是科学，是发现，是真正的进步。

古语云，治大国若烹小鲜。白水煮白鱼是鲜美，臭鳜鱼是上品，十三香小龙虾也是十足滋味。同为烹小鲜，治国者若只钟情其中一味、补贴一种、大加吹捧，其余便将黯淡无光。

失业问题的根源，从来不是科技进步让人无所适从，而是具备多种多样能力的人，失去了多种多样可以发挥的空间与机会。解决之道只有一个字：放开。让勤勉的人可以购买和拥有土地、扩大产业；让闲散的人可以在活动与娱乐中找到生存方式；让舞文弄墨的人自由畅想，写出、画出、塑出有人愿意出价的作品。三百六十行，行行出状元，经济自然持续上行。

社保话题：不应让老百姓在垄断行政中没得选择

2025 年 8 月 12 日

住房公积金的诟病尚未平息，社保缴费话题又再次引发街头巷尾的热议。最高人民法院《关于审理劳动争议案件适用法律问题的解释（二）》第 19 条明确规定：用人单位与劳动者约定不缴纳社保的条款无效，劳动者可因单位未依法缴纳社保解除合同并要求经济补偿。该司法解释自 2025 年 9 月 1 日起施行。

从法治与社会秩序的角度看，构建一种相对负担得起、均衡分配的社会保险机制，保障劳动者和弱势群体，是国际社会的通行做法。许多发达国家同样依法强制要求用人单位和劳动者购买社会保险。但关键在于：强制购买社会保险，并不意味着只能购买某一种类或某一机构发行的唯一产品，而是允许自由选择。

任何保险产品，通常都建立在发行机构长期可盈利、可持续经营的基础之上。若是由政府直接发行或监督发行的社会保障性保险，则更应考虑不同收入水平群体的承受能力——高收入者多交，低收入者少交，而每个人在遭遇疾病或灾难时享有相对均衡的保障。这类似于一些发达国家以税收进行二次分配的逻辑：多交和少交的纳税人，都能在教育、医疗、住房和个人退税等方面优先受益。

然而，人人必须缴纳社保，且只有单一、唯一的缴费渠道，其背后不仅是在支持垄断行政，更是为垄断利益背书。保险产品本身是会产生盈利的，垄断机构早已算好了这笔账。

我不打算在这里罗列美国、欧洲、日本、韩国的社保做法，只想站在中国人的立场，替老百姓算一算这本账。

以江苏省为例。该省社保缴费下限基数为 4879 元，每月单位缴 1204.71 元、个人缴 512.32 元，合计约 1717 元，一年约 20604 元。若一个江苏男性从 21 岁开始缴费，直至 63 岁退休，共 42 年，至少缴费约 86.5 万元——且因逐年增长，实际远不止此数。这笔钱大概率换来退休后每月约 4000 元的养老金，若要保本，需领满 18 年，即活到 81 岁。而这个"保本"，还没有计入 42 年缴费期间的银行利息。

河南省人口约为江苏的 115%，GDP 约为江苏的 47%，最低社保缴费基数也达到 3756 元，算下来两省的缴费与养老金账目相差无几。一个河南男性一生社保缴费约 70 万元。

若将 42 年的银行利息或合理投资收益计入，再考虑逐年递增的缴费额，63 岁时理应积累接近 100 万元的净现金资产。现实呢？无数底层劳动者一辈子存款不足百万，甚至想都不敢想。而他们将被强制以毕生辛劳缴纳社保，其中很多人根本不可能收回成本。

老百姓心里的账其实是清楚的——倘若允许他们有得选择。没有谁不想在生老病死时有所保障，但也没有谁不想通过更灵活的方式去实现"先投入、后保障"。比如：允许选择对自己更有利的保险公司或产品；允许在经济困难时减免缴费而仍能获得基本保障；允许缴满 10 年或 15 年后停止缴费却同样享有未来权益。

行政垄断之下的保险产品，是否也该给老百姓一本明白账？养老与医疗收益是否均衡？养老金投资股市的收益究竟是多少？未来法定受益制度又将如何变化？这些问题，老百姓有权知道答案。

当然，从公平竞争的角度看，规模以上民营企业通常较早坚持为员工缴纳社保，直接推高了经营成本与产品成本；而小微民企或个体户不缴社保，则变相获得了价格竞争优势，破坏了合理的成本与市场价格机制。这种不公平，同样是社保问题背后不可忽视的现象。用人单位必须为劳动者缴纳社保，保障劳动者权益，本身无可厚非。

但无论如何，有竞争才有活力，有活力才有市场。给人保障的同时，也要给人在公平公正的市场环境里自由选择的权利，而不是让人在垄断行政中没得选择，明着吃亏。

不是一路人，真的不要走进婚姻

2025 年 8 月 18 日

如果说爱情是相遇，婚姻则是同行。

相遇的两个人，来自不同的路，看过不同的风景，彼此叙述与倾听的，是新鲜与好奇。一旦走进婚姻，便是要将两个走过完全不同道路的人捆绑在一起，去走同一条未来的路。

来时的路上，他和她都有过各自的爱恨情仇。婚姻的路上，他曾经种下的"因"要由他承担必然的"果"，她曾经种下的"因"也要由她承担必然的"果"。倘若一个人比另一个人的"因"更多，或者两人的"因"截然不同，那必然的"果"，对方无论如何也难以承受。道德告诉两个人，婚姻就是要接受；法律却告诉两个人，婚姻中的一切不可以由其中一个人任意支配，更不可以让其中一个人独自承担。

所以，一定要走进婚姻，就一定要找一个走过相同或相似道路的人。

在没有自由恋爱、甚至连恋爱都没有的年代，竟然有那么多夫妻白头偕老。有媒人介绍直接定亲的，有父母之命直接成亲的，有花了重金从千里之外迎娶的，也有家徒四壁不得不换亲、转亲的。归根结底，那个年代成亲的两个人，大致走过了相同或相似的路。他受过的教，她也受过；他认的理，她也能认。他家来了客人会请一桌人陪席，她家来了客人也会如此。

对方长什么样固然重要，但对方的能耐与体贴，往往在过了某一个夜晚之后变得更加重要。理对了，事也顺了，婚姻中便能相互依顺着走下去。

见过一种特别有能耐的男人——从贫困农村考学出来，身家千万之后，却要偷偷摸摸地孝敬父母。年节前，借着出差的名义绕道回家给父母塞些现金；等真正带着管钱要强的妻子回家过年，妻子发现不了，也就不会抱怨、责备，乃至引发冲突。为什么会这样？因为妻子坚持认为赡养父母应当由兄弟姐妹绝对平均地分担，更担心孝敬的钱会被父母贴补给条件差的兄弟姐妹。可兄弟姐妹各有各的命运与能力，赡养父母哪里会有什么绝对平均？父母想让条件差一点的孩子过得好一些，又有什么错呢？

那位生前极其光荣的劳模企业家宗先生[24]，活得容易吗？极不容易，甚至一直是窝囊的。他受强大的事业心驱使，穿着布衣布鞋，有些事不能公诸于世。既为了世俗的道德，又为了家人和事业，在煎熬中支撑。

婚姻极其不易。有的人不惜家徒四壁也要让子女学富五车，有的人拼尽全力只为给子女留下万贯家财；有的人宁愿自己吃亏也要对亲友仗义，有的人唯恐交际花费而对人避而远之；有的人赡养父母从不计较兄弟姐妹做了什么，有的人非要看到兄弟姐妹先动了才肯动。这些，都是各人走过的路在婚姻里投下

[24] 娃哈哈集团创始人宗庆后（1945—2024）。

的影子。

有了孩子，没有谁不想在婚姻的路上一走到底，除非万不得已。可那些万不得已，偏偏总会出现——因为本来就不是一路人。在中国，这一点尤其难。我们很多人从"小农"的路上走来，即便已经活在新时代的城市里，骨子里依旧还是那条旧路上带来的能力、担忧与习惯。城市的外壳换了，内里的逻辑还没换。两个各自带着这种底色的人走进婚姻，若路径差异太大，摩擦只是迟早的事。

所以，不是一路人，真的不要走进婚姻。

古代官员为什么不敢报忧?

2025 年 9 月 25 日

距今仅 113 年前的清朝，乃至历朝历代，被阉割的男性为皇族及贵族服务，受封官赐爵，称为"宦官"。从早期的强制阉割，到后来众多家庭和男丁主动阉割以谋取官爵，这一演变本身已足以说明问题：为了当官，可以放弃人性，甘愿失去人性。官位的诱惑与官场的变态，由此可见一斑。

皇族极具权威，违抗圣旨是要被杀头的，大官掌握着小官和百姓的生杀大权。这直接导致宦官们面对上级命令只能执行，必须做成做好。站在今天看，那些朝代似乎早已实现了"政令畅通、令行禁止"——只不过代价是人性的彻底驯化。

即便到了民国时期，这一逻辑依然延续。1942 年河南大饥荒[25]，饿殍遍野，白崇禧、李宗仁等国民党要员也不敢向蒋介石如实汇报死亡数字。一是害怕被追究责任、丢掉官职；二是出于维护"社会稳定"的政治考量；三是死亡人数过于庞大，本就难以准确统计。多重因素叠加，导致数据存在巨大出入，真相被层层遮蔽。

事实上，社会灾难在任何时代都难以避免，百姓的患难也始终如影随形。事实也许会因"官不报忧"而被掩盖，问题却会

[25] 学界估计死亡人数从数十万至三百万不等，因统计标准与史料来源不同而存在较大差异。

持续积累。每当"清朗行动""当作政治任务抓实抓好""必须增长""人民至上""不能让一个人落下"等政治指令发出，就意味着下级官员必须按要求兑现。没有做到，便是考核不合格、能力不足，轻则升迁无望或革职，重则倒查追责、惩戒乃至性命攸关。

在特定极权政治生态中，局面往往呈现三个面向：官员不敢报忧，也不能报忧；官员需要变着法子假报、瞒报、虚报问题与数字；官员为完成任务指标，可能不择手段地干预市场与企业。

这并非历史陈迹，在当下现实中屡见不鲜。有官员虚报固定资产投资额，推高招商引资实绩和土地投资比率；有官员在经济下行年份，让企业虚增销售额与利税，以此拉高 GDP；有官员变相虚报人口与经济活动数据，推高项目建设额度；有官员在自然灾害来临前小题大做，以"闭户宵禁"的方式展示"人民至上"；有官员围追堵截越级上访的百姓，令地方社会在表面上看似公正和谐；有官员为保财政运转或项目落地，巧立名目审查并恐吓民营企业，迫使其接受额外的价、税、费认定；有官员为迎合产业政策、争创政绩，不顾实际效益，盲目上马那些根本无法产生正向回报的产业设施。

在权力预设的目的与目标面前，每一个官员都希望交出一份让上面满意的答卷。顺者昌，逆者亡。法治与规则在这种逻辑下必然遭到破坏，所谓市场经济与自由社会，也就无从谈起。

皇帝（高层）的权威与宦官的私利相互咬合，形成一个自我强化的黑暗循环。宦官为讨好皇帝、规避因报忧而招致的责罚，倾向于隐瞒或歪曲真相；而失真的信息又使高层的决策愈发脱离现实，朝政由此愈陷愈深。这一逻辑，从宦官制度延续至今，换了外壳，内核未变。

曹克明，南京人民当年极其难得的好官

2025 年 10 月 27 日

刚与朋友聊天，谈起社会与经济现状，谈到政府与官员，也谈到城市与地方的生态。很多人只知道江苏经济从 20 世纪八九十年代开始崛起并持续发展，也只知道南京不如苏锡常，却很少有人知道政治场上那些"关键人"。

我曾写过一篇《陈焕友分身有术引李光耀投资苏州工业园》，讲述了江苏省委原书记陈焕友（1934 年生）的官场事迹。其实在那些年，南京作为江苏省会，又是拥有逾 70 所高校和职业院校的教育大市，出了一批又一批老百姓心目中的"好官"——那种既集战略眼光、个人威望、亲民作风、地气于一身，又不贪名逐利，还能专治各种不服的好官。

被南京官场和民间赞誉为"铁书记、曹青天"的曹克明（1934—2014 年）便是其中一位。他曾历任江苏省纪委书记、省政协主席。

曹克明"铁"到什么程度？2010 年前后，他已退休多年，人们称他"曹老爷子"，却依然每天以清朗的思维和健康的体魄践行着社会责任。他常走街串巷，有时清早，有时傍晚，有时一走便是很长时间，随身带着小本子，发现问题随手记录。由于曾经做过工人，又懂工程，他总能察觉到与城市、与百姓生活息息相关的各类问题和不足。凭借在南京、江苏乃至中央多年从政积累的人脉与威望，他敢于追问责任，拿起电话随时打给省、市、区、街道各级官员。那时的官员接到"曹老爷子"的电话，必定立即或尽快处置——因为他事后还会再去看、再去查、再来问。

曹克明最广为人知的公开事迹，是 1987 年主持破获一汽无锡特大非法集资案，由此得名当代"包青天"。该案直接涉嫌人数 237 人，厅级以上干部超过 50 人，并牵连出副国级官员陈希同案和首都高官王宝森案。在改革开放初期那个社会与官场生态纷乱险恶的年代，破获此案需要多大的勇气与担当，不言而喻。

一个地方出一个好官，若他真能以身作则、扎根社会，往往能带动当地持续多年人才涌现。南京及江苏较多城市都符合这一评价，也受益于此。尽管近十多年来南京官场出现了不少腐败案件，但有两个现象值得关注：一是大多数官员的主要问题并非发生在南京任职期间；二是相比其他省市的同类案件，南京官员的问题总体要轻一些、少一些。

近几年，南京在江苏愈发显示出后劲与崛起势头，这背后有其内在原因。不仅是经济数据表现稳健，房价下跌幅度处于全国一、二线城市末端且保持相对稳定，就业指数较高，年轻劳动力也较为活跃。从三个微观现象可以看出端倪。

其一，南京很早便通过出售长江二桥经营权等多种方式筹措城市建设资金，坚持"用自己的钱办自己的事"，避免了其他城市几乎完全依赖央企带资垫资、抬升造价的模式。所有造价终将形成地方债务，而地方债务最终要由当地百姓用劳动力、资源和税收去偿还，变相推高地价、楼价和各类垄断资源的物价。

其二，南京有过全国最大规模的拆除高架桥、新建城市景观带的城西干道工程，有集群连贯、穿越大型交叉口的阶梯式地下通道，也有佛顶宫、大报恩寺、长江风光带等新兴土木工程。细心分析这些工程，在质量与效率之外还能看出一个字："抠"——精打细算搞建设，大概也正因为没有依赖央企带资垫资。亲历过城西干道炸桥与重建的人都知道，那真是又快、又实。

其三，南京常住人口始终未突破 1000 万，增长缓慢，远不像其他同类城市那样连年高速扩张。南京是教育大市、年轻大市、科技大市，人口增长却不及同类城市，原因或许只有一个："太实在了"。曾经实在，就没有形成"虚假导致的坑"，如今也就不需要用虚假去填坑。人口数字实在了，城建、住房、经济自然也相对实在，想造假都找不到可支撑的依据。

从社会经济谈到政治，从曹克明谈到南京的微观现象，话题看似散漫，却有着内在的关联。南京的今天不是一蹴而就，是有因有果的，也是有未来的。

曹克明、陈焕友，都是理应当个好官的人，无可非议。老百姓总是希望能多出好官——法律是好事物，但法律同样需要好官去运行和践行。

神学研究的社会意义

2025 年 11 月 2 日

我以前并不了解神学，甚至排斥它。基于所处的环境和所学的知识，即便是现在，我也没有系统地学习过神学，更谈不上懂得。只是随着年龄增长和阅历丰富，我逐渐感知到：神学绝不是迷信，而是对自然的探索与反哺。至于被神学所涵盖的宗教记载是否完全都是真相，神学本身就在探索真相。

神学是科学吗？我个人认为，神学是科学的引子和探索方向，科学不过是神学研究的一部分。要说实验，神学是有的，只不过那些实验并非出自实验室。

全球可能有超过 1 万所大大小小的神学院，其中正规建制的神学院数以千计。在意大利罗马，前身于 1362 年建立为朝圣者之家的 The Venerable English College 已有 600 余年历史；成立于 1565 年的 Pontifical Roman Major Seminary 也历经了 460 年。中世纪欧洲的大学几乎都起源于教会，如巴黎大学、牛津大学、博洛尼亚大学，可以说，神学院是科学教育的摇篮。

在科学界耳熟能详的名字中，有相当一部分出身于神学院或具有神父身份：乔治·勒梅特（Georges Lemaître）提出了宇宙大爆炸理论的最初模型；罗杰·培根（Roger Bacon）是实验科学先驱，提出了经验主义方法；尼古拉·哥白尼（Nicolaus Copernicus）提出日心说；查尔斯·达尔文（Charles Darwin）提出进化论；勒内·笛卡尔（Ren é Descartes）是哲学与解析几何的创立者；安德烈-马里·安培（André-Marie Ampère）是电磁学奠基人；迈克尔·法拉第（Michael Faraday）是电磁感应的发现者。这样的名单，还可以继续列下去。

在中国，神学几乎绝迹，更遑论神学院。尽管中国也有宗教、寺庙和教堂，但提到神学，人们总是联想到鬼怪、迷信、愚昧与起死回生。这或多或少源于信仰人群的无知、宗教传播的功利，以及意识形态冲突的隐晦影响。尤其是当许多人将神与鬼怪混为一谈时，恐惧便油然而生，信仰便无从生根。

几乎所有中国人从出生起，就被告知鬼怪是恶的、是会害人的、是恐怖的。果真有鬼怪吗？除了寺庙里陈列的几尊狰狞造像，从未有人真正见过任何鬼怪。

而在神学普及的西方社会，人们从出生起便被灌输神与人的区别：耶稣是神的化身与人类的救世主，人在受伤、流血、病痛和死亡后会呈现另一种状态。那种状态是什么样子？将其模仿制成物件，陈列展示，万圣节那天更是集中而多元地呈现。与其说那些造型是鬼怪，不如说是对客观存在之事实的一种具象表达。

有的人不相信有神，却相信有鬼且惧怕鬼。有的人相信有神，知道没有鬼所以不惧怕鬼，期待着神的降临。

神与神学，难懂吗？可以用一个浅显的例子来说明。信仰神的人，会信仰自然万物的存在与规律。当前行路上遇到难以逾越的山或水，信仰神的人会认为那是上帝的安排，于是选择另一条路继续前行；不信仰神的人则认为那完全可以被自己征服，移山填水，非要在那条路上走下去。若不信仰神的人再被某些"主义""精神"灌输裹挟，破坏自然的范围将更为广泛。

信仰神，就是把自然万物的存在与规律当作神的安排，尊重并与之和谐相处。这只是神学极小的一部分，却已足以让智慧的人类在自身生存发展的同时，也能反哺自然与社会。

我们对现象、环境和条件的未知，是神的安排吗？神为什么要如此安排？神在哪里？我们能否更好地运用那些安排？这正是神学的意义所在。当我们尚未搞明白时，尊重神的安排；当我们搞明白了，便按照神的安排参与其中，获得更多受益。

也许有人会感觉到，如此说来，神学与科学之间便没有严格界限了。确实，在我的理解中，神学与科学本就没有严格界限，科学包容于神学之中。

我想在这里表明自己的立场：我不是宗教信徒，也反对东西方对神学的迷信与功利态度。一个人去叩拜物件、烧香许愿，那不过是表达一种心愿。倘若没有神学的学习与实践，不相信其中存在任何物理、化学现象或神的回应，自然也不会有任何回馈。

对神学的信仰，高于理论学习。对神学的践行，高于发发心迹、做做施舍。

冬季慎防软骨病，尤其大人物

2025 年 11 月 5 日

先简要介绍一下软骨病。

软骨病英文名 rickets，又称佝偻病，多发于儿童骨骼发育异常时期；成年人则常因吸收障碍、肝肾功能障碍、钙或磷摄入不足而诱发骨骼软化。因此，成年人若能保证每日多晒太阳、饮食适当补充富含钙质的食物或口服维生素 D、减少虚火损耗以强化肝肾功能，便可起到预防作用。软骨病一旦发病，几乎不可治愈，唯求续命。

近几年，世界上有个别地区的中上层呈现出异常的经济繁荣，完全依赖于官人、文人、武人和名人的治理功夫，巩固并夯实了大量中下层劳动者任劳任怨、不怕流汗流血的信心与决心。在互联网与数字技术时代，这些人有的只需露脸就能引来流量，有的动动嘴皮就能引来流量，网络赐予他们一个雅号——"大 V"。

大人物影响着社会，发出的声音上面能听见，下面也能听见。让上面听见什么、让下面听见什么，自有一套大局与技巧，但最重要的一点是：要能"引到流量"，要能"搞到钱"。

大人物容易患上软骨病？当然要倍加小心。因为大人物实在太忙，每天出入官场、商场、会场，下榻城景、海景、山景，所见难免是灯光，所吞难免是脂肪，所拥难免是娇娘，晒太阳、吃粗茶淡饭的机会自然极少，肝解酒、肾生精的功能也就格外频繁地派上用场。长此以往，骨质逐年流失。

少了骨质，按常理也会少骨气。但大人物往往不同——他们有学历、有阅历，硬是能够凭口若悬河之气提神补血，颇有壮阳之功效。比如，有的大人物纵向比对历史与今天，让粉丝相信未来；有的大人物解说紫禁城、阿房宫的奢华壮丽，让粉丝看到强盛；有的大人物用当下少部分人的美好日子，论证曾经大多数人苦难日子的必要与价值；有的大人物罔顾"黄世仁们"造成的罪孽事实，鼓励"杨白劳们"要挺住、要熬下去。

举几个例子。

某某，直播带货大网红。天文地理、哲学科学，选择性地讲激动人心的段子，献上情感共鸣的"鸡汤"，眉飞色舞让大众上头、下单。与其说那是个人能力，不如说是互联网平台的算法和推广能让一头猪起飞上树。

某某，学霸精英大博主。打开视频，言必"厉害了""太震惊了"——"空气变成食物了""沙漠长出水稻了""上天入海发电了"，每一项科技都神奇到足以让人感觉已经生活在富强的盛世。遗憾的是，那些慨叹于强大、关掉视频的人，如果这个月交不起社保，一旦生病便将面临因病致贫、贫上加贫。

某某，头部企业大雷人。除了登台大放异彩、赢得粉丝"彩虹屁"，再就是放大一大堆白手起家的创业故事，编造一大堆短平快颠覆他人原创技术的噱头，最终目的是把产品卖给更多认知层次较低的人。嘴上喊着科技强国，干的却是拆解仿造的勾当，还顺手骗取支持原创的补贴。

某某，商会杂志俱乐部牛人。竟然放出这样的话："只要你不倒，没人打倒你。只要你不下牌桌，就不会下牌桌。所有大公司都在负债，欠债就要还吗？天天在债务重组里干着就好了。哪怕剩一个人，也干着。"听上去是在鼓励困境中的民营企业主。实际上呢？典型的不在荆棘丛林、无关血泪伤痛。他显然没有过过"杨白劳们"的日子，也没有过过当今民营企业主被全部冻结账户、被堵门逼债的日子。陷入债务绝境的根源在政府，法律强势执行中被选择性忽略的也是政府，却不去抨击政府、推动改变，只顾做暖心菩萨，让本已柔软脆弱的民营企业主煎熬续命。

说到这里，当然也要站在大人物的角度理解他们的不易——既要肯定赞誉，又要炮制炮吹，还要感天动地，难免会忘记一些真相。尤其眼下已是冬季，大环境本就决定了生活中这也不便、那也不能，软骨病的发病几率随之增加；已经发病的更是难以直起身板，却还要强撑着表演。

冬天不易。倘若中下层众生因营养不良而骨质疏松，中上层大人物又偏偏患上了软骨病，忽略、忘却了该说什么、补什么、改变什么，即便硬撑着某种不怕难、不怕苦、不怕死的骨气，也终究不利于社会的健康发展。

软骨病一旦大范围爆发，便无药可医。即使鲁迅那等医学世家，也是没有方子的。名气与气节都丢光了，要那个名，又有何用。

是时候讲一讲宋朝为什么内忧外患

2025 年 11 月 28 日

据史书记载，赵匡胤通过"陈桥驿兵变""黄袍加身"，建立了唐末五代之后的统一王朝——宋朝。他迅速将军权、政权、财权统统收归中央，加强中央集权，让大宋的根基稳了下来。与此同时，大宋立国之初便重文抑武，成就了"清明上河图"所描绘的那种社会繁荣。堪称前无古人后无来者的唐宋八大家，有六位出自北宋。

然而大宋在历史上一分为二，留下北宋与南宋之别。北宋在内忧外患、风雨飘摇中存活 167 年（960—1127 年），因汴京（今开封）被金兵攻打沦陷而"亡朝"，史称"靖康之耻[26]"。

这里要说明的是，对百姓和社会而言，北宋"亡朝"并不代表"亡国"。赵匡胤后人、本非皇位继承人的赵构在"亡朝"中侥幸逃脱，于南京应天府（今商丘）称帝，后建都临安（今杭州），开启南宋时期。在岳家军等抵抗金兵的壮烈与悲歌中，南宋又于称帝 152 年后的 1279 年彻底覆灭。最为吊诡的是，大宋江山最终被"联蒙灭金"的蒙古人夺取。

为什么要在当下讲宋朝的内忧外患？因为有语"前事不忘，后事之师"，有语"以史为鉴"。

---

[26] 靖康二年（1127 年）金兵攻陷北宋都城汴京，掳走徽、钦二帝，史称"靖康之耻"。

北宋立国之初，将北方的辽国视为头号威胁，重兵部署于北。趁着北宋对西北小部落党项的忽视，李元昊在兴庆府（今银川）称帝建西夏。吊诡的是，1005年北宋竟与辽国达成"澶渊之盟"，北方稍得休养生息，西夏却趁机强势进攻，宋军屡战屡败。"澶渊之盟"下的辽国每年向北宋收取"岁币"，西夏也逼着宋朝每年输送大量"岁币"，两面失血。

然而事情远不止于此。后来辽国被东北女真族金兵攻打，逐渐衰弱，宋徽宗赵佶竟搞出一个"海上之盟"联金灭辽。殊不知，辽国覆灭之后，养虎为患的金国成了北宋乃至整个大宋最强劲的敌人。其后，蒙古军攻打金国，南宋又与蒙古联盟灭金，三峰山之战和蔡州之战终结了金国。

看完这些，诸君一定觉得大有意思——因为再然后，就是蒙古军把整个大宋江山端了。319年全过程的宋朝，国是谁的国？朝是谁的朝？哪又对哪？外患，很有嚼劲。

有嚼劲的又不仅仅是外患，也不仅仅是连年输送"岁币"导致的经济内忧。蔡京、高俅、秦桧这些几乎家喻户晓的大奸臣皆出自那个时期，更有真正拖垮大宋的深层结构性问题——三次大变法的反复失败。当然，没有那些，也许就不会有外患的种种吊诡，后人爱听的文豪故事与英雄悲歌也会少了许多。

第一次：范仲淹的庆历新政（1043—1045年），以激进的政治变革为主，涵盖明黜陟、抑侥幸、精贡举、择长官、均公田、厚农桑、减徭役、整武备、重命令、推恩信等十项举措。仅仅不到两年，庆历新政即被保守派推翻。范仲淹被贬后留下千古名句："先天下之忧而忧，后天下之乐而乐。"

第二次：王安石的熙宁变法（1069—1085 年），以军事、文化、经济等绝对中央集权化为目标，包括青苗法、募役法、方田均税法、农田水利法、市易法、均输法，以及强兵之法、取士之法。本意在修补国家财政，执行层面却普遍加剧了基层矛盾与百姓负担，竟推行长达 16 年之久。这一时期也成就了欧阳修与苏东坡师徒的寄情山水——"醉翁之意不在酒"，以及悲情社会的绝唱名篇。

第三次：南宋张浚、虞允文等推出的绍兴 / 乾道新政（约 1130—1160 年），堪称系统性自救变革，涵盖整治兵权与武将体系、重建财政（盐铁、漕运改革）、强边政策（对岳家军体系的军事改革）、行政制度调整与压制地方豪强、外交上推动"和议 + 备战"双线并进等。然而在战乱、腐败、奸臣当道之中，再好的变法也只落得岳飞那一声："三十功名尘与土，八千里路云和月，莫等闲，白了少年头，空悲切。"

至此，大宋内忧外患的脉络已基本清晰。后世后朝的中国有没有类似的官僚误判与反复折腾？不得而知。对老百姓而言，也许官僚、误判和折腾最终亡的只是当朝的君与臣，国还是那个国，江山还是那个江山。但历史的变局常常由误判开始，由内外忧患加速，兴亡之间，受苦的往往不是君王，而是百姓。那不一定是每一个百姓命中注定的结局，尽管很多人是信命的。

这张漫画中，有你的位置

2025 年 11 月 29 日

1911 年，美国国际出版公司在《产业工人》杂志发表了一张著名的讽刺漫画，题为《资本主义制度金字塔》[27]（Pyramid of Capitalist System），以极其形象的方式批判了当时的资本主义制度——社会阶级与经济不平等所划定的阶层结构，是这幅画的解读核心。

漫画以字面形式呈现了金字塔结构的社会等级制度：少数极度富有的权贵位于顶端，贫穷的民众则被压在最底层。塔顶的钱袋象征资本主义本身；往下一层"我们统治你们"，代表国家领导人与王室；再下一层"我们愚弄你们"，代表宗教人士；"我们镇压你们"代表军队；"我们鱼肉你们"代表资产阶级；而被整座金字塔压在最底部的，是农民与工人。

漫画对这套"权力与财富的等级制度"提出了显而易见的讽刺性批判，同时揭示了一个结构性事实：工人阶级正在支撑着其他所有人，一旦这层支撑消失，现有的社会秩序将轰然崩塌。

然而，随着美国坚持以民主、自由的宪法精神为治国准则，二战后迅速进入经济发展的"黄金三十年"。学界普遍认为，自 1950 年起，美国社会已转变为典型的"纺锤形"或"橄榄形"结构，高峰期一直延续至 1975 年之后。这一时期，大量中产阶层涌现，

[27] 该漫画未收录于文章，读者可自行检索"Pyramid of Capitalist System 1911"。

主要表现为：制造业岗位大量供给，工会力量相当强势，蓝领收入大幅提升；中产阶级人数迅速扩张至美国总人口的60%至70%；房子、汽车、高等教育、医疗福利成为普遍性拥有，基本没有负担；贫富差距显著缩小，基尼系数处于历史最低点约0.35。

进入20世纪80年代后，美国人口持续增长，移民大量涌入，科技兴起使财富进一步集聚，社会结构逐渐被"沙漏形"所取代。尽管如此，直到今天，足够强大的中产阶层、相对较高的工薪阶层收入与福利、相对充分的教育和医疗保障，仍使美国的社会结构具有相当的稳固性与可持续性。

事实上，当下那些实行自由民主制度的发达或发展中经济体，已普遍成功转型为"纺锤形""橄榄形"或"沙漏形"，早已告别了"金字塔形"。

最后，让我们回到文章开头那张漫画。如果我们每个人身处其中，你的位置在哪里？更值得思考的是：如果真的身处其中，究竟是时光倒退了，还是我们回归了历史？该怎么办？

中国网红有影响力吗?

2025 年 12 月 26 日

这些年，足够多的粉丝与流量，支撑起了互联网平台和网购的崛起，也催生了一个怪现象：用粉丝数量、点赞流量来定义谁是网红、谁是大 V。就连国际公认的大明星、国内顶流的大企业家，也纷纷卷入粉丝争夺大战。

粉丝多流量大，就有影响力；粉丝少流量少，就没话语权。这似乎成了某种约定俗成，政府、商家、老百姓都在迎合追捧。粉丝多，真的等于影响力吗？如果把中国的网红、大 V 放到国际通行的"影响力"标准里来衡量，差距其实非常明显。

国际上对影响力人物通常有六种定义：一是杰出人物，泛指在历史进程中发挥重要作用、具有代表性意义的人；二是全球风云人物，强调在全球范围内的知名度与重要性；三是最具影响力人物，指在特定领域或历史时期具有最强话语权和号召力的人；四是世界级名人，指在国际上享有盛誉的艺术家、文化巨匠、商业领袖等；五是时代先驱，形容在特定时代推动社会进步或变革的人；六是软实力代表，指通过文化、价值观、思想等非强制性方式影响世界的人。

看到这里，答案其实已经很清楚了。没有对比，就没有伤害。

回到现实会发现，中国很多所谓的网红、大 V，无非是在圈粉丝、拉流量——各种买、刷、拉，最终只有一个共同目的：

卖货、搞钱。

有些段子，看上去让老百姓笑了、哭了、被治愈了，像是在喂心灵鸡汤；实际上却是在用情绪做杠杆，利用弱势群体的时间与欲望，吸引他们的注意力，从他们的血汗里淘金。

太多的网红、大V，与国际上公认的六种影响力标准沾不上边。不是红透了，是烂透了。

真正危险的，是把"爱国"当武器的喷子

2025 年 12 月 27 日

在中国的互联网上，有一种很奇怪、也很危险的现象，我把它叫作"IP 喷子现象"。

只要一篇文章或一个视频讲逻辑、讲真相、讲道理，但 IP 地址显示在日本、美国或任何一个外国，评论区底下几乎必然会出现这样的话："你不爱国。""你没资格说中国。"乃至更肮脏、更低级的辱骂。

这些人并不反驳观点，也不讨论事实，只盯着一件事——你在不在中国。他们大概极其孤陋寡闻，一定不知道，人类文明走到今天，从来不是靠闭关锁国实现的。恰恰相反，推动文明进步的，往往是那些背井离乡、远渡重洋、去看更大世界的人。

中国历史上，有唐代高僧玄奘，用十几年时间、九死一生从长安走到天竺取回佛经，后来才有了《西游记》，也才有了中国佛学体系的真正成熟。欧洲历史上，有哥伦布四次横跨大西洋，无数船员死在途中，开启了人类的大航海时代。我们今天餐桌上的玉米、西红柿、辣椒、土豆、红薯、花生，几乎全部都是在那个大航海时代从美洲出发，经由世界流动，最终来到中国的。文明，从来就是走出去，再带回来。

再看近代史。一百多年前，成千上万的中国年轻人东渡日本求学——孙中山、陈独秀、鲁迅、李大钊、胡适、陈寅恪、

王国维、宋教仁、秋瑾、廖仲恺，他们成为革命先驱与文化大师。如果放在今天的网络环境里，他们恐怕刚开口说话，就会被一句"你 IP 在国外，不配说中国"直接封死。

所以，真正可怕的是什么？不是没文化，而是用无知包装成正义，用谩骂冒充爱国，用立场代替思考。这种风气如果继续扩散，伤害的不只是个体，而是一个社会对理性、事实和文明的基本认知。

当一个社会开始嘲笑思考者、攻击求知者、敌视远行者，它真正失去的，不只是尊严，而是那个社会和所有人的未来。

再多桥隧奇迹，也抵不上让黑暗中的人看到光

2025 年 12 月 28 日

有人跟我说，现在社会上有不少背负债务、失业下岗、生意失败的人很艰难，但也不能因为那个群体的存在，就沉浸在负面情绪中。还要多看看工程建设的世界奇迹——崇山峻岭、大江大海之间，天堑级的桥梁、隧道都贯通了，高耸云端的大厦、几百亩的场馆、不断刷新体量的高铁站和机场也都建成了。这怎么能不是一个好时代、伟大时代呢？

我说，正面看，你说的都是客观存在的事实，我没办法反驳。但我想跟你说一说人类历史上留下的或正在延续的两种文明。

一种是金字塔、吴哥窟、长城、秦始皇兵马俑、故宫那样的建筑奇迹——如果不是毁于战乱，还会有阿房宫、圆明园。它们的共同特征是：土木工程，人工建造，规模宏大，绝大部分分布在亚洲的东亚和东南亚。

另一种文明伴随着建筑奇迹，后来分出两支：一支由陆路、航海、航天技术领先的国家转变为宪法治国、全民公选、人身与言论自由的国家；另一支是技术应用与跟随型国家，他们在形式上把帝王换了称谓，把皇粮国税、过路费和罚没钱财变成了法律条文，把宗族统治和衙门体制变成了中央集权与层级官僚，实质上换汤不换药。

你看，有的文明，修桥是为了让人过河；有的文明，修桥

是为了证明自己会修桥。

对方仍然似懂非懂，要我讲得再直白一些。

我说，任何土木工程——桥梁隧道、高楼大厦、车站机场，都是物理世界的堆砌，离不开三个关键要素：血汗、匠心和物质。只要帝王能号令天下，人、财、物一起上，哪个时代都能在物理世界造出规模奇迹。

但人性世界呢？压在老百姓尤其是底层身上那些看不见却真实存在的大山与天堑，摆在他们面前那些看不见却客观存在的天险与鸿沟——如果人、财、物一起上，本来也应该可以解决。可在有些国家，这些总是被那些物理世界的奇迹号令者视而不见。他们明明修建得了，却就是不愿意修建。

对方说，我懂了。土木建筑的规模要因地制宜、适可而止，必须造福当代百姓，而不是让当代人累死累活，让当代和未来的发号施令者坐享其成。

我说，你明白了就好。不要说出去，更不要声张，还是要多歌颂建设建筑奇迹——防止隔墙有耳、人身遭殃。很多时候，看得见的隧道都可以打通，看不见的隧道却不会有光照进来。

真正值得被称赞和记住的，从来不是奇迹本身，而是那些愿意把光送进隧道深处的人和事。

西·东

你不只是不喜欢美国

2023 年 12 月 10 日

来到美国整整 21 天了。这已经是第 6 次来到这里，之前的 5 次是旅游、学习或访问，这一次是需要较长时间居住，完全不一样的情况下选择了寄居洛杉矶。

水泊梁山一定没有多么美好，108 条好汉也一定没有多么完美，是宋朝那个社会为一个山寨和一群好汉提供了一段正义的故事。我想，每一个非因富贵而寄居美国的华人，人生都会有各不相同的经历和相同的目标。

时常会有寄居美国的华人告诉我，不喜欢美国。说这句话的，有寄居美国几年、十几年或数十年的人，有近几年在美国留学或访学的人，也有非法滞留或刚刚来到美国的人。

为什么不喜欢美国？因为在美国的环境和社会中生活非常无趣，甚至寂寞；因为自己之于美国这个社会几乎没有存在感；因为相较于美元兑换人民币的汇率，虽然收入更多，但开支也更大。

我没有亲口回答，放在心里却有一句话：你不只是不喜欢美国，你到中国之外的哪个国家和地区，你都会是孤独的。

你习惯了延续过去，就像一棵成年的树，移植将会面临枯萎、腐朽。作为一个兼有学习、思考和行动三种基因的成年人，本质上并不应该如同一棵成年的树，只是因为你自己没有训练自己的基因，导致了退化，失去了学习、思考和行动的能力。

你说，语言形成了障碍。

每个人初生的那一刻，仅仅能够发出类似语言的声音，后来能够说哪种语言，取决于听见和模仿。幼儿不明白一切，并不影响幼儿通过日积月累的学习融入一切、了解一切。你是不是连幼儿都不及呢？否则你怎么会长年累月之后仍然看不懂、听不懂、说不出英语呢？更何况，翻译与机器结合的当下，只需要多费一些精力，不同语言之间的人与人交流是可以顺畅的。美国社会依据法律建立了规则，依据规则建立了流程，又通过互联网和数字信息技术构建了流程的平台和印证，在生活和工作的事务需要时，逐个理解和操作就可以了。

你说，种族偏见形成了障碍。

追求并去往更好的环境，是每个人的天性。就像曾经的年轻人像潮水一般涌入城市，涌入更加繁华、发达的大城市。作为世界上唯一人口和土地都具有超大体量的发达经济体，假设一个人有机会有可能生活和工作在发达国家，想要去往发达国家是很正常的，不想去往发达地区的人或是不正常的，或是另有原因。一定要说会有种族偏见，我想那也是任何人都与生俱来的。就像上个世纪末那十几年，打工者去了上海，会说上海人排外。比如，在南加州的洛杉矶周边，韩国人聚居区随处可见经营韩国品牌的汽车、电子、化工、日用品的技术型企业，中国大陆人聚居区却几乎全部都是从事商店、餐饮、维修、按摩、事务等服务型公司，二者形成的鲜明对比，决定了同是黄皮肤黑头发黑眼睛也是无法融合的。遍地是制造业工业区的中国，在美国却几乎没有中国品牌的产品。又哪里是什么种族偏见？分明就是某种某些无法言明的差异。

你说，效率低下形成了障碍。

什么是效率？一种情况是，同一时间的两个农民，一个能够收割1000平方米的小麦，另一个只能够收割800平方米的小麦，后者不是简单的效率低下，更多是劳动力的无法一致。另一种情况是，同一时间的两个农业生产者，一个驾驶着收割机能够收割20亩小麦，另一个远程控制无人驾驶机器能够收割500亩小麦，后者不是简单的效率高，而是技术生产力落后与先进之间的巨大差异。技术进步的目的是什么？显然是应该提高产量、提高质量、改善生活。如果技术进步了，人们还需要拼命劳动、日夜加班、争抢时间和进度，那一定是背后的社会体制出了问题，技术驱使下的劳动所得与收入之间严重不匹配。美国社会，快在飞机、轮船、汽车、交易，慢在议事、办事、工事、秩序——能够科学尽量科学，能够不出错尽量不出错。你所嫌弃的效率低下，就像美国道路交叉口的那个Stop标志，每一辆车到那里必须停3秒查看是否会与其他车辆产生冲突，同时必须让早于自己到达路口的车辆先行，"慢"出了秩序和安全，却带来了畅通的"快"。

我在过去的21天，因为今后需要较长时间地寄居，又因为自己仅有的初中学历和不会英语，只好把自己当成一个新生儿，深度接触和体验美国社会。银行、驾照、租房、第三国签证、社保、租车买车、开设公司、调研行业、购物、野外旅行，各类事情都是一点点查询、摸索、操作、验证，也有较多的碰壁和曲折，但却在困难和挫折中感知和体验到更多，并且已经有过指导其他陌生办事者不再走弯路。

你所埋怨的美国社会，或许正是美国社会并不需要你这样的人，可有可无。

这个季节，南加州天空的湛蓝和阳光的和煦相生相伴，北加州红彤彤的叶子和黄澄澄的果子如影随形。我不想赞美美国有多好，我想，地大物博、山高水远的中国，有理由一样的好、更加好。

身上装点零钱，家里备些现钞

2024 年 1 月 2 日

华盛顿特区的天空似乎想制造雪花，多冻毙一些街头的流浪汉，给记者们多一些有事实、有依据的真相调查机会。我会不会有一天也成为流浪汉？走过一个又一个蓬头垢面、破衫烂被的乞者，心头一紧，我赶紧用连着棉衣的帽子包裹住整个头部，不至于寒碜的表情流露，尽管身边连望向我的余光都不会有。人发生衰败的时间，赌徒或许只一秒，商人或许只一天，弱者或许只一月，常人或只一年。

人生、社会的"破"与"立"总是时刻保持着呼应和对称。

乘坐华盛顿特区的地铁其实极其简单，打开手上的 Apple Wallet，添加 SmarTrip 并充值，就可以无接触通过闸机。如此容易的应用，背后是经年繁复的科技进化，更是对无知者学习和信心的挑战。我就是一个无知者，在自动柜员机购买了一张单程票，支付了 2.55 刀的票价和 2 刀的卡片费。由于没有回收系统，单程票在出站后只能成为我的纪念品。太可笑了，我实在认为不值得去存念一张塑料卡片，直到去端详卡片上的英文，才知道我的 Apple 手机自带的每一个应用图标都理应成为我生活和工作的必需便利。

客栈的释义是 Inn，我入住的 Holiday Inn 却明显地在与 Hotel 展开竞争，优越的环境位置、前台服务、房间面积和设施，最令我陶醉的当然是 76 刀每晚的价格。30 刀可以拥有 24 小时的代步车辆，40 刀可以享受一小时的职业推拿，50 刀可以雇用到一个伙计卖力一天。商家和劳动者们在一天天放低再放低，以订单为至上，以有活干为制胜，总有一种节省或挤兑的办法，挣点利润。

因为有遏制和竞争，所以有收割和挤兑，一个又一个微信群里曾有中产身份的人在以变化着文学的形式传递负能量。无奈的是，那些理应正能量的群，又总是寂静无声，偶现的转帖不过是刷存在感的宣传。

农历尚是九月下旬，故土中国的黄河下游就有城市乡村飘落了雪花。有老人说："该死的老天爷呐，冬天这么早，那么长，还让不让穷人活命？"

返程沿途，我实在想给街头蜷缩无神的流浪汉放置点什么，可是身上仅有手机和卡片。假设有一天，我也需要有人给我放置点什么，是否可以如我所想？我又何曾没有过？否则，五音不全的我又怎么能够把《流浪歌》唱得声情并茂。又何尝只是目光所及的流浪汉，会不会在一些土地之上，困难中的穷人们连流浪的资格都没有？

明天，我们身上装点零钱，家里备些现钞，何妨？

谈谈美国好不好

2024 年 2 月 17 日

到过美国、听过美国、读过美国相关介绍、知道有一个美国的人，提起美国，无数人一知半解；评价美国，或在朦胧中，或在情绪中。

美国好不好？更多的人在讨论这一问题的时候，其实只是将表象与自己既往的生活习惯做对比。

曾经有些年头，中西部农民一边挤满了绿皮火车奔赴上海，一边说上海人排外，上海人没有人情味，上海人不好。倘若当下也有一列列票价低廉的绿皮火车自由往返穿行于太平洋水面，人们从小就有中英双语的语言环境，我们很难想象，是否会再现去另一个沿海城市打工的热潮。

人往高处走，水往低处流，机会与容纳，是人与自然相处的规律。在埃及，高达 90%的人口居住在尼罗河沿岸，又有高达 40%的人口居住在占国土面积 2.5%的尼罗河三角洲。

上海好不好？开罗好不好？美国好不好？不得而知。

再从习惯的角度说开去。人的文明，表象特征是是否有素质，内在的涵养、日常的习惯都会反映到表象言行中。素质源自习惯，习惯源自教育和养成。从习惯上看，如果农民在农村隔三岔五赶大集，农民会喜欢上人声鼎沸的集市；让农民住到城市里屏声静气日复一日地生活，农民一定会觉得无聊、枯燥、不热闹、没意思。

美国人在工业社会中进化了两百多年，又在科技文明中发展了一百年，对美国人来说，早已经没有了行业岗位贵贱的不同，只有产业分工的不同。农业、农民、农村，中国社会长期存在的"三农"现象和问题，在美国人的心中可能是无法理解的——为什么会有"三农"现象？为什么不用先进工业造就的机械、计算机等去进行大规模的农业种植和养殖？

本来，人类社会不应该有什么奴隶、封建、资本主义、社会主义、共产主义，因为权力的诞生和需要，形成了压迫、剥削与解放、再解放，而被知识分子划界成不同的社会和不同的阶层。

比如，一个社会是否处于封建社会，其实不能用经济质量和生活品质去评判，而是要去看是否存在权力的约束、对权力的服从。当然，人具有习惯性，即便是在一个金字塔结构的社会里，每一个人都如同一块被压着的、压着他人的砖块，一旦习惯了，也会觉得就那么回事。被别人压制、压制别人，像砖块一样，甚至会赞叹如此结构和秩序的完美。

美国社会似乎没有明确的结构，一定要给美国社会定义一个结构，顶多也就是一张网状结构。人与人互相编织一张网，每个人都需要向他人提供产品和服务获得利润，用利润来支撑生活。有人说美国人不聪明不精明，我并不这样认为。至少，在我接触过的美国社会中，企业和个人，没有人愿意去做赔本、亏本的事情和生意。美国人销售一个产品，如果需要提供未来若干年的质量和服务，那么一定会把所有的连带成本都计算进去，然后加上利润，才愿意做，否则只能是拒绝。美国之外的有些社会就不一样了，尤其是在那些讲奉献讲公有制的社会，一切服务服从于权力，一切顾及的是眼前生存，不会去算综合成本、综合效益。对于社会和生活来说，哪种经营方式更加长远且可持续？显然，这是美国人的原则和做法。

那些学习的、迁徙的、旅行的、工作的，究竟是如何融入了美国社会？美国社会是一个怎样真实的、平实的、可融入的环境？我们将在后面的文章和游历中，一点点积累。

属于难民的美国

2024 年 2 月 18 日

众所周知，美国是一个移民国家。实际上美国又不仅仅是一个移民国家，更是一个多民族栖息地。美国社会的每一个角落，几乎都会有来自不同种族和地域的人们。如果要评价一个城市或一个国家是否具备国际化特征，首要的应当是看是否给予了来自不同世界、不同背景的人们生活环境和机会，而非数十个民族大团结的那种，应是所有民族交融生息。

木桶理论告诉我们，决定一只木桶容积的，是最短那块木板的高度。同样，决定一个社会生态的，是最困难那个群体的生存状况。难民有两种，一种是因为兵荒马乱或天灾人祸而被迫逃难；一种是因为社会体制问题或命运多舛而遭遇困难。对难民而言，如果没有新的生存环境，如果没有新的工作学习机会，那可能连做个沿街乞讨的流浪汉的自由都不再有，无异于生不如死。

美国社会给了难民生存环境，难民可以流浪，可以工作，可以学习，只需要某个生而为人的难民千方百计到达美国。当然，并不代表到达美国的难民可以不遵守美国的法律。比如私人领地不可侵犯，公共空间不可驱逐，不同的州有不同的具体适用法条。

福建省的不少地方都有"侨乡"之称，正是多年历史的迁徙文化成就了侨乡。至今，侨乡的人只关心是否到达了向往的国度，而不关心用哪种方式实现了移民。人才移民、工作移民、投资移民、生育移民、政治庇护，都是移民。在另一个国度挣到钱了、混得好了，回到国内就都是令人刮目相看的侨胞。

树挪死，人挪活，孟母三迁育出大儒。人、动物和植物的种子，造物主最初就赋予了在自然界任意繁衍生存的本能。一个人没有行使本能的权利，没有做本能就可以做到的事情，那只能是自身的问题。

任何一个难民到达了美国，就可以去想办法挣钱、买手机卡、租房，再可以入学接受教育、银行开户、考驾照、注册公司，进而申请工卡、社会安全号码，进入合法工作和医疗保障的行列，同时在等待的过程中申请获得绿卡或公民身份。

是的，你没有听错，倘若你是一个难民，你可以像一个新生的婴儿降临人类一样，在美国，一切从头、从零开始。

当然，多元、自由是有代价的，那些乐意自由地做一个流浪汉、肮脏者的人，会有令人感到不适、不安全甚至恶心的一面。你要是认为自由的社会不够好，集权、约束的社会可能为你提供了某种意义上的宽阔整洁的街道、安全的夜晚，那也要更多人付出更大的服从、被控的代价。

写下此文，不是要支持任何人去做背叛国家、伤害他人的举动，只是要告诉落难的人，不要让困难成为关押自己的牢笼，要去改变。

美国作家修补美墨边境缺口阻挡"走线客"

2024 年 2 月 23 日

日前，哥伦比亚广播公司（CBS）报道了来自美国海关边境保护局（CBP）的报告，仅仅在西南边境，2023 年逮捕了大陆华人 37000 人，约是 2021 年的 50 倍。由于有人在抖音发布了位于圣地亚哥向东约 130 公里处的一个边境铁丝网缺口，导致该缺口从最初遭剪断的三两米迅速扩大到一百多米，大量大陆华人涌向该缺口实现偷渡入境，每天都会有 100 多人。

当地第 49 国会选区候选人、共和党籍的海军陆战队退伍军人、女作家凯特·门罗（Kate Monroe）于 2 月 22 日在边境缺口的现场展示了她的修补功绩。凯特·门罗自费在亚马逊购买刀片铁丝网，填补了长达一百多米的缺口。她认为这样可以阻挡那些大陆华人"走线客"，改变边境地区的环境，缓解政府不堪重负的难民剧增压力。

凯特·门罗的做法既令人敬佩，又让人担忧。敬佩的是她自费花费巨资解决了一项政府财政无力承担的社会问题，用实际行动完成了和她一样反对非法移民的人们的愿望；担忧的是这将导致日复一日积累成千上万的大陆华人在美墨边境的墨西哥一侧滞留，"走线客"们进不成、退不得，身无分文、饥寒交迫，难免引发生命灾难。

长期以来，受益于美国宽松的移民政策，多个国家的人们在遭遇战争、水火、经济等灾难困难时，只要不辞劳苦想办法进入美国，无异于换了人间，有了可以从头开始走向一切可能的机会。尤其是近几年饱受负债压力喘不过气的许多大陆华人，急需有一个可以摆脱束缚和纠缠的环境，依靠劳动过上正常人的生活。对于"走线客"来说，在美墨边境所谓的被逮捕，实质上是获得了难民身份，美国移民部门会为"走线客"换一身难民服装、登记身份，几个月后就会发放工卡、社会保险号，包括申请正式的移民资格。美国的社会经济近十年来取得了非常优越的表现，企业界普遍现金流充沛、利润丰厚，难民只要愿意吃苦耐劳，就能财富积少成多，过上新生活。

倘若按照凯特·门罗所代表的共和党人的言行，众所周知的是得克萨斯州的共和党人近年来也是愈演愈烈地指斥美国移民政策，并付诸违背人道主义的不友好措施，这将可能是一次世界范围底层社会的危机和灾难。底层社会的人们在遭遇无力扭转或改变的困难时，去向哪里？

世界需要一个美国，美国是一个原生态的移民国家，没有移民就没有美国。美国社会对世界所做出的科技、人道、法理的改变和影响，应当更好地保持，直到解放全人类，实现真正意义的自由民主。

从 College 毕业的美国蓝领

2024 年 5 月 21 日

美国有两种大学：University 和 College。University 是学术研究类型的大学，College 是学术研究或者职业技术类型的大学。准确地讲，两者都是大学，至于中文翻译，College 在主流上很多时候被中国社会理解为学院，进而像各行各业那样"人设性质"地进行等级划分，显然是不够客观的。美国社会更不会因为一个人毕业于职业技能的 College 而影响到这个人未来是从政、从商还是成为学者。

来到美国半年，我已经在一所在校学生达 3 万人的职业类 College 学习英语整整 3 个月。除了需要自己购买书本，教学是免费的，办理学生证的同时获得了免费乘坐附近城市群全部公交车的公交卡，这一切无关乎是否具有美国公民或绿卡身份，只需要去申请，只需要按照自己的时间安排学习计划即可。

一位一年前从墨西哥入境的年届 50 岁的东北汉子，大家都"懂"的那种入境通途。他曾经为日本造船厂做过焊工，手机拍照并存储了当时那家日本造船厂为他办理的国际焊工证书。因为有了这张英文版本的焊工证图片，他幸运地找到了一份临时性的造船业焊工工作，是被劳务公司截留利润后的工资，时薪 44 美元。每周限制工作 5 天、40 个小时，但是每天可以自愿工作到 10 个小时，每周领取一次工资。在他干满 6 周的那个周末，热情地邀请我吃了一顿大餐。他说，虽然目前还没有找到真正长期进入造船厂工作的机会，但是已经切身体验到了美国社会蓝领技术工人的可观工作收入和宽松工作环境。造船厂的正式聘用焊工，他这样的工种，时薪可以高达 60 美元以上，劳力强度和安全措施都是非常人性化和高度保障的。

是的，如果仅仅通过"刚移民"和"待移民"的华人社群了解美国，我们的感知和认知一定是肤浅的。下面是一位刚来美国不久、同是英语学习者的微信朋友圈信息：

"5 月 13 日至 19 日 7 天时间，共计送外卖工作 35 个小时，收入 627.46 美元。今日收获：西科维纳墨西哥人居住区，所点食物以披萨和冰镇饮料为主；韩国人点餐以韩国烤肉饭为主；华人所选中餐范围较广，有火锅、奶茶、川菜、兰州拉面、炸鸡等。小费来源以墨西哥人为主，墨西哥人所给小费无论基本路程多少基本上没有低于 2 刀的，而华人所给小费基本上没有超过 1 刀的，8 天时间里只遇到了一个给了 5 刀小费的华人，其余大部分要么几毛钱，要么一分也没有。印象最深刻的一单是从罗兰岗送往奇诺港，单程需要 24 分钟，顾客居住在一个戒备森严、城堡一样的社区中，大门有保安值班登记信息，进入需要明确说出顾客的房屋号码和姓名，保安核对后与业主通过电话征得同意方准许进入。顾客是一个非常年轻的女性，整栋房屋位于一个蜿蜒的山坡上，周围花木葱茏，车库门前停放着一辆豪车，最奇怪的是一走到院子里手机就没有了信号，投递食物的最后一步是放在门口拍照上传然后点订单完成，可是拍照上传以后屏幕上一直是循环往复的圆圈，只好退出来到路边信号才恢复了三格，点击完成，看到订单信息，来回一个小时的路程，路程费用 15 刀，小费 0.3 刀，这一单显然是赔钱的，因为顾客住在僻静的山上，回程的路几乎没有任何商业区域，所以没有接到任何订单，以小时收入计算的话显然不划算。连日送餐得出一个非常普遍的感受：华人热衷于点外卖，但华人也普遍不爱付小费，越有钱的华人反而越不爱支付小费，通过订单数据可以印证其他外卖员行很久后给出的结论。想起好友说的一句话，美国真是一个神奇的地方，高昂的生活成本能让人学会很多以前从来没有在意过的社会技能。送外卖只是获取生活资料的一部分，是上课之余的一个补充，也是让我能熟悉这座城市最便捷的方式。下午修剪了小花园的石榴和玫瑰，剪了两支玫瑰，一朵送给明姐，一朵留给自己。生活虽然平平淡淡，但我确实乐在其中。另外一个朋友送外卖一天收入 500 多美元，每天从下午两三点送到凌晨三四点。"

出于社会研究的爱好与敏感，在 College 我不只是学习，同时也做一些了解或调研。令我惊奇的是，在这所 3 万人的 College 竟然有多达几十种 1 年制、2 年制、3 年制不等的专业技能课程，小到日常实用的理发，大到发达的航空机械，毕业的学生立即可以走上工作岗位，不再需要所谓找个师傅或实习。来自中美洲、南美洲、中东、东南亚、印度等 100 多个国家的学生在这里学习职业技能。任何一个英语通过了五级的"世界公民"，都可以申请入学正式的专业技能课程，都可以在学习或毕业的同时，在大量的校招中争取到一份工作机会。

如若不是切身处于这个环境中，曾经的我，也与无数国人一样，脑子里会有对年轻人入学 College 的嘲笑，会有对华人在美国社会生存艰难的痛感。而现在，我更多了解的是，正是美国社会的多元化，哪怕是"移民"这样一个令太多国家政治敏感的话题，美国同样考虑到了，给到了更多需要移民的"世界公民"能够实现移民的法制与政策机会，这样的多元化却往往会让初来乍到的"特定体制社会"的人无从适应。

美国社会不只是拥有领先于全球的互联网、芯片、计算机、人工智能，还有早已领先但已是传统的航空、航海、汽车等产业，成就了一代又一代美国年轻人，从 College 走向普通而重要的技能岗位，走向科学，走向政治，走向企业家，走向精英生活。更重要的是，让美国技术不断升级换代，引领全球工业和技术发展。

在美国，生活成本比你想象的低

2024 年 6 月 28 日

判断一个国家人口的生活成本是高还是低，可以用当地工薪阶层的薪资收入和物价水平做比较。简单地讲，拿着在中国社会挣到的人民币去美国消费，汇率差会让人觉得物价特别高，如果以此评判美国社会的生活成本，是处于误区的错误评判。

当前美国社会的每周 40 小时标准工时薪酬，以南加州华人聚居区为例，"较低档"从事送包裹和外卖的快递员、餐饮业服务员、网约车司机每月可以挣到 3000 刀，如果劳动强度提高一倍到每周 80 小时，每月通常可以挣到 6000 刀。"较高档"以制造业的技术工种为例，焊工、电工在标准工时下可以挣到 8000 刀每月。

再看看美国社会当前的日常生活物价：五花肉约 7 刀每磅（约 0.9 斤），当季水果樱桃、荔枝、桃子等普遍在 1 至 2 刀每磅，一个 20 磅（约 18 斤）的西瓜也只要 5 刀，226 克装高露洁牙膏 4 刀每支，360 毫升装海飞丝洗发水 5 刀每瓶，当季的青椒、西红柿、莴笋、茄子等蔬菜也基本在 1.5 至 3 刀每斤不等。

至于外国人初到美国的刚需性租房、用车、水电等，以洛杉矶地区华人聚居区的城市中心地带为例，一室一厅住宅租金约在 1500 刀每月，约需要 150 刀每月水电费，本田、丰田类代步车租金约 30 刀每天。

换季所需服装，奥特莱斯的品牌牛仔裤、上衣，通常 50 至 100 刀每件。外出餐馆，煲仔饭、黄焖鸡米饭、牛腩面之类约在 15 刀每碗，大份鸡块米饭便当约在 7 刀每份，汉堡快餐约在 8 刀每个。

综合看，较好生活水平的独立租房者，每月可以预算在 3000 刀消费以内；一般或较低的合用租房者，每月可以预算在 2000 刀消费以内。对于家庭自有住房的居民户，均摊消费将更低。

很显然，普通工种、技工，初来的、久居的，稍微高一些劳动强度，除去刚需生活成本，节余存款 3000 至 5000 刀每月是完全可以的。用节余的钱，去资助国内家人或日后回国使用，相当于每月就能至少存下 2 万至 3.5 万元人民币。大家可以想象一下，之于国内一线、二线城市，需要什么样收入的人士才可以达到？

上面所述，一定要争辩，先自己对照一下，在中国的一二线城市，月薪 1 万元需要付出怎样的劳动强度，一个月能余下多少钱？在一个地方既工作挣钱、又生活消费，汇率是不需要去考虑的。一定要考虑汇率因素，那就用节余下来的钱做比较。

要想常住在美国买房，住房的多元化程度高，加上住宅的绝对私有可传承，任何一个两人同时挣钱的家庭，5 至 10 年内购买一套独门独院的住宅，是完全可能的。具备正式工作身份的人，教育、医疗、交通的成本或免费，或极少的支出，大大减轻负担。

当然，有人会问，美国的工作容易找到吗？我可以明确地确认，普通的工种，只要愿意付出劳动，随时可以上岗。技术工种，几乎全部需要通过学习和考试获取职业证书，理发、房产销售、电焊、水电等等都是要考证的，基本上都需要几个月或一年不等的时间参加学校的培训学习，但是学习的费用极其有限。要知道的是，美国的职业资格证书都需要真才实学，没有关系、金钱的捷径可以获取。在一个钓鱼、购物都需要收费会员证的社会，证书之于生存，实在是太重要了。"无证书、不工作"，对于那些花大价钱留学的毕业生来说，既是一道门槛，也是一个挑战，至于工作、留下生活，证书往往要比学士、硕士含金量高得多。

如果你想做生意，基本的预算起步资金在任何一个社会都需要保证。至于营商环境和技术含量，美国是一个彻底的商业经济社会。在哪里做生意都请便，但尽量不要去讲什么科技含量而没有商业模式，请大声地讲出商业模式。假设你的产品果真是全球第一个发明出来，无论是否高科技，那就认真地申请发明专利——恭喜你，你拥有了若干年内唯一绝对存在的市场地位。

没有什么可抱怨的，一定要找捷径，那就请向着美国的职业技能方向起步、发展。至于学历学术，职业生涯中的一生随时都可以随心如愿。

美国是一个移民社会、包容社会、友好低收入者的社会、平等教育权利的社会，一切皆有可能。唯一不可能的，就是休想通过啃老、拼爹、花钱、找关系的方式走捷径。

最后补充一点，不会英语，请不要抱怨，因为你根本没有获得成为世界居民的语言入门资格；也不要丧气，总有一种办法可以在美国工作和生活，你也可以雇用任何一种肤色的人为你工作。

特朗普在与军国主义盛行的世界抗争

2024 年 6 月 29 日

军事优先于国民经济一切，聚焦打仗，保障战争所需的一切，是军国主义的典型特征。近年来，不断升级的俄乌战争、巴以冲突，正在将世界多个国家推向军国主义。尤其是联合国安理会常任理事国的成员中，有人口大国在政治上提出军事化要求，强调"令行禁止，政令畅通"。

尽管现代战争大国之间打的是在太空比拼科技、在社会比拼经济，但战争的胜负终将以人的牺牲为代价，军国主义盛行的政治氛围，已经将战争带进现实。

只差一道已经具备条件、可以随时下达的"动员令"。动员令下达并迅速进入战时状态，社会经济的一切成为"不可抗力"，在和平年代出生和成长的人们往往极难理解和想象。但是，如果知晓自己身处军国主义政治时期，必要的心理准备和行动预防，可以避免"不可抗力"突然来临时的惊惶失措。

企业家出身的美国第 45 任总统唐纳德·约翰·特朗普（Donald John Trump）在执政期间，先后从叙利亚、德国，到伊拉克、阿富汗，再到索马里，屡下"撤军令"。在第 47 届美国总统竞选中，特朗普再次反复声明，如果赢得大选，他将致力于迅速结束俄乌战争，阻止拜登政府"迈进第三次世界大战"。在近日多场竞选活动中，特朗普说，如果胜选，他将在就职典礼之前结束俄乌战争。

在美国，拜登代表的民主党政府能够获得精英群体的最大支持，特朗普代表的共和党政府则致力于让更多的工薪和底层民众支持率最大化。精英群体是支撑一个社会强大的核心力量，精英群体如果倒下，社会必将沦为贫弱。同时，精英群体所信奉的通过资本、科技或权力对资源和市场实施垄断、分配，又极其容易将国家、世界推向金字塔结构，层层压制，层层承载。

有美国精英认为，特朗普是秩序的破坏者，其观点的实质是要维护既有资本垄断和科技垄断形成的社会经济结构。基于美国实行自由市场经济，权力基本上没有干预市场经济。美国精英们也应当看到，特朗普作为房地产商人和企业家，他的成功既是对科技和规则的尊重，也是对资本和结构的突破，给他机会，美国社会在变好，世界和平在实现。

当然，假设以西方民主自由化为代表的战争可以势如破竹赢得一场又一场胜利，摧枯拉朽，必将更快速度地让世界更多人民分享到科技和文明成果。但是，大范围大面积的灾难也会在战争的同期落到每一个发展中和落后国家的老百姓头上。有没有更好的改变和进化方式，让地球上更多人置身西方民主自由化？

另外，如果特朗普胜选后果真能够让在美国的外国留学生毕业即拥有美国绿卡，美国必然迎来更多的年轻人才。精英人才集聚的美国，年轻化，一定能够是世界的希望和未来。

可以判定的是，特朗普身上有平民主义，有精英主义，但是没有军国主义。或许，特朗普所主张和希望的，是让世界在和平中输出自由的、进步的、富有的文明和科技，让各个不同社会在其间自我进化。

特朗普时代，美国新机遇下的世界和中国

2024 年 7 月 19 日

不只是人工智能突破了摩尔定律带动科技日新月异，思想和经济的骚动也正在争分夺秒改变着政治。一场演讲，一颗子弹，一段纲领，美国第 45 届总统唐纳德·约翰·特朗普（Donald John Trump）几乎将以绝对的优势胜选成为美国第 47 届总统。

不论是身在亚洲，身在欧洲、非洲，美国总统执政纲领的一举一动，都与每一个明天、未来的生活息息相关。尤其是中产、精英阶层，可见的汇率、股市、债市、进出口变化，产生直接影响。1972 年美国第 37 任总统尼克松（Richard Milhous Nixon）访华，带给中国的两条化肥生产线直接让当时的 8 亿老百姓可以拼足干劲就能吃饱饭。半个世纪，整整 50 年过去，情况依旧，现象依旧。

整个家庭三代人都堪称接地气的演讲家，特朗普绝不是一些精英人士认为的破坏者甚至流氓，他实质是一位企业家、教育家、改革者。从他 2017 年至 2020 年执政期间的美国社会、世界格局，从他近期竞选发出的呼声、纲领，可以清晰地看到他将以胜选姿态带给美国人民的美国机遇。当然，美国机遇也必将为世界和中国带去新的变革。

特朗普时代的美国必将实现制造业回归，人民币兑美元汇率升值。

全球制造业高度集中在中国，这是人类社会工业文明的一次罕见鼎盛，但是中国社会并没有因为制造业的鼎盛让人们真正意义上分享到生产力巨变成果，中产萎缩，底层扩大。美国制造业的回归，将是全球工业和科技的一次重新棋局，多个国家的生产和贸易格局发生改变。最直接的，人民币兑美元的汇率会从近几年不断贬值，调转方向一路升值。这一趋势，可以给更多人带去足够多的想象空间——工作岗位在哪里？创业机会在哪里？贸易业态是怎样？

特朗普时代的美国必将告别军国主义，帝制集权国家将获得空前稳定。

长期以来，美国在全球部署军事力量并确保"必须打赢每一场战争"，实质上是一种军事优先的军国主义。尽管军国主义使得美国的科技成功输出全球，带回丰厚的劳动剩余价值，但是同时也直接导致了几个不愿甘拜下风、不愿让位权力的国家穷兵黩武，世界格局始终处于动荡起伏。美国式的民主和自由固然令人向往，却并没有因为军事的绝对优势让世界都成为民主和自由之地，相反，教育和科技没有获得进步的人群并不理解和认同。似乎是学者们时常认识到的，连身边人可能都改变不了，何谈去改变环境和世界。特朗普会撤军收兵，会大搞经济，大搞科技。这不代表帝制国家敢于趁机侵略邻国，或者大搞军国主义，因为帝制国家领导人终究要的是权力的稳固。中国将会是一个什么样的国家，也据此可以理解。

特朗普时代的美国必将精英荟萃，更多工业社会的科学家、企业家、社会学家走向世界人才之峰。

年轻人能不能在美国实现梦想，取决于美国是不是一个年轻化的社会。特朗普的企业家思维，很好地把握了这一点，通过教育这个通道，让年轻人、年轻人才非常容易地留居在美国，他已经发出了留学生毕业即获绿卡的"强音"。在本就没有政治成分和级别的精英社会，公平平等的法制可以持续赋予普通人享受世界前沿生产力发展红利的机会。著名中国社会研究学者、美国哈佛大学肯尼迪政治学院教授托尼·赛奇（Anthony Saich）在 2021 年最新出版的一部著作的最后部分表达：当一个国家精英全部出走之日，就是政治和社会瓦解之时。

日出而作，日落而息。人类在遥远的古时曾经可能是动物，据此推论，人们或可认为即便如家禽家畜一样圈养、放养，也是进步。但是，活着的意义又是什么？进化为人、生而为人的意义又是什么？答案不得而知。

特朗普时代，美国机遇下的世界将形成稳固的两极：民主自由，帝制集权。尽管如此，在和平与经济的两极时代，人类依旧会自我进化。就像曾经的一代人，挤破头坐上大巴车、绿皮火车去往上海、广州、北京。倘若，今天，太平洋上有一座连接东西自由往返的桥，会是怎样？该有多好。

对标美国的政府机构改革，认识现状

2024 年 8 月 12 日

留心的人可以发现，近十年以来，国家层面的政府机构改革已经基本完成。有新设立的自然资源部、应急管理部、退役军人事务部等，也有重组后的交通运输部、住房和城乡建设部、生态环境部等，形成了 26 个国务院部委的行政体系。从部委的设立看，基本上对标了美国政府组成部门。

有所不同的是，美国的联邦政府部委和独立局，源自立法、司法、行政的"三权分立"和联邦自治的思想。

对外看，当前中国政府的行政结构和形式，既借鉴了两百年工业和科技文明历史的最发达国家做法，又能够方便地与美国基调一致、同频对话，也显示出"与强者对标"的姿态。

对内看，不论是过去还是现行的中国政府机构组成，仍然是垂直式的管理思维，越往上越是权力独断。权大于法？还是法大于权？这个根本性问题长期没有得到很好的解决。各个部委都是一层一层对上面负责，部委与部委之间受到统一的上层约束，必须也只能唯命是从，使得单个部委无法顾及本系统本行业下面的客观事实情况和发展需要。

权力在任何一个时期、国家都真实存在，而且避免不了的是，权力绝不会是简单的纵向垂直、平行，一定会是交织的、网状的、多边的横向。规矩的出现，制度的出现，法律的出现，都是为了理顺权力与权力之间的若干关系。如果权大于法，法律无论多么完善，在听命于"有形的人的权力"的时候，执行层面注定大打折扣或颠倒黑白。如果法大于权，只需要在立法层面做到平等、客观、公平、公正，人人都会生活在一个"无形的法的约束"秩序中。

美国社会如同一种网状结构，站在外面看是一个国家，进入内在感觉不像一个国家，更像一个社会，是一个世界。中国社会如同一种金字塔结构，站在外面看宽宏包容，进入内在则人人自顾自地向上攀爬，而大多数人早已被定性为底层的所需。

不要笑话美国总统竞选时期相互之间的人性直白，更不要笑话美国总统本人或家人成为罪犯。换位看一下，如果法大于权，你还会有心笑话美国吗？如果政治无法干预你在法律的框架内挣钱和过日子，如果政客的责任是关心和照顾好你的环境、就业和生活，你还会去巴结政客，还会遇到事情的时候以"胳膊拧不过大腿"的心态安慰自己吗？

有人问，有人讨论，美国谁当选总统会产生什么样的影响？关心这个问题的，其实不在少数，而且同时也是很多底层社会的中国老百姓的心上事。为什么呢？是因为美国对中国的影响实在太大了，大到一个风吹草动足以直接关系到每一个家庭、每一个人的今天、明天和未来，无论任何人是否有这个认知也无论任何人是否承认这个事实。事不关已则一定高高挂起，几乎不会有哪个中国老百姓去关心其他人口大国的一举一动。回到问题本身，不论谁当选美国总统，都必须在"三权分立、联邦自治"的思想下行事，新的总统可能会在积极的国内民生政策上有所作为，也可能会在国际环境上有所主张，但是既定的法律、法案、法条必须延续，即使想改变也要经历"三权分立、联邦自治"的争议和时间。

能不能获得自己想好的、向好的改变，要看自身是否具备了想好的言行、向好的条件。要想被别人尊重和看得起，最好的办法是"人以类聚，物以群分"，否则，一定要去对标超越自己的人，那就只能向对方学习，成为如同对方那样的人。

不管怎样，中国有特定的"国情"，或许也可以算作是世世代代传承下来的某些习俗、文化和文明。以不一样且复杂的"国情"为由，走自己的一条道路，未尝不是一个理由。当然，几千年了，国情还需要延续到哪一天才算是个头，相信太多人想知道，更想早一天看到。值得肯定的是，国家政府机构在对标美国，很多老百姓虽然收入还在发展中国家水平，但是消费支出已经达到或超越了发达国家美国的水平，心态上也在关心和对标美国，这一切是正向的。毕竟，一个人，一个家庭，一个国家，能成为什么样子，要看他对标的是谁。

大部分美国留学生去留困境

2024 年 8 月 31 日

这一两年，较多接触了往返于美国和中国的留学生，仍然在读的和已经毕业的。面对环境和未来，焦虑和无奈被深深刻画进更多"00 后""千禧"一代美国留学生的内心。这背后，往往无关乎经济条件，关乎的是提供了良好经济条件的父母对子女的帮助缺失。当然，这是因为父母们认知不足。

中国经济持续增长的 40 年左右时间里，最大且飞速受益于工业、科技和国际化的时间大约有 20 年。2001 年中国正式加入世界贸易组织，那是一个标志性起点。那时，20 世纪 60 年代的一代人如日中天，20 世纪 70 年代的一代人风华正茂，踩在浪尖上的中青年，想不起舞都难。同时，"00 后""千禧"一代出生了，连年财富增长的中产家庭把子女当成"含着金钥匙"的龙凤，寄托希望。

如果说"60 后""70 后"一代的中产不是读书人，肯定是冤枉了他们。能够抓住机遇，跻身中产，绝大多数是因为出身或官或文家庭，或者自己上过大学，至少也是武侠小说、四大名著、文摘文学的优秀高中毕业生。有了钱的中产，也有了书橱，有了旅行，甚至有了海量网络刷屏。

如果说"60 后""70 后"一代的中产是有学问的人，那一定也是抬举了他们。因为，除了极少数涉足国际或外贸的提升了英语水平，绝大多数的中产，曾经的英语底子实在太差了。于是，他们局限于中文阅读和学习。即便是偶有阅读翻译书籍，也是经过严格内容审校的国内出版物。至于那些极少量有着真实内容和真正价值的译文出版物，从公开发行量就可以知道，受众实在是太少太少了。接受的知识面狭窄，旅行的见识也受限，喜欢国内国外旅行的，更多的也不过是喜欢观赏美景和扎堆热闹。所谓的学习，往往是为了人脉关系、做官和做生意。

"60后""70后"一代的中产或许知道他们自己周身存在的问题，寄希望于让子女能够更多开开眼界、长长见识，弥补不足与缺失，让家庭的未来更加完美。于是，出国留学，尤其是送到美国留学，成为不惜一切代价培养子女教育的价值取向。

"60后""70后"一代的中产不了解美国，"00后""千禧"一代更不可能了解美国。美国究竟是一个什么样的社会逻辑和结构？父母与子女们或一知半解，或半信半疑。

在特定的环境和背景下，很多中产家庭的"00后""千禧"一代踏上了赴美求学之路。准确地讲，他们不能称得上是求学，因为他们的学习目的不像上一代人中极少数留学生那样充满渴望和渴求。他们留学，更轻松地获得学历、学位和学分，往往更关键。他们拥有相对优越的环境，享受过相对优渥的生活，他们甚至认为"美国不如中国，中国的生活优越性远远好过美国"。在美国，他们除了学习，交友和生活都几乎还是选择了中国化。

直到有一天，当下，无数"60后""70后"一代的中产被突如其来的糟糕经济状况打击到体无完肤，留学美国的"00后""千禧"一代站在了人生何去何从的丁字路口。前方，是家庭或官或商的不可持续；向左，是高失业率和复杂关系的社会不堪；向右，要面对一无长技的等待煎熬。

数百万的人民币花完了，数年的书本辛苦到头了。可是，在美国留学生 H-1B 签证中签率 14%、12%的连年下行且极低概率面前，高达 85%以上的美国留学生毕业后要么没有合法身份，要么没有一技之长。要想留在美国，谈何容易。纵使特别的幸运儿抽中 H-1B 签证，漫长的绿卡申请和排期之路也需要八年、十年之多。此期间，雇主在上，雇员在下，公平和平等在最为完善的法制社会也是相对的。

如果"00 后""千禧"一代美国留学生的"60 后""70 后"一代中产父母们了解美国，如果在曾经送子女出国留学之前或同时申请了 EB-1 人才移民、EB-2（3）技术移民、EB-5 投资移民，或者 L-1 类签证，如果在 5 年之前的移民便利宽松的年份里顺利获得美国绿卡，子女的教育和未来，相伴的一定是省钱、省事、省心。只是，对于那些错过的人来说，错过了就是错过了，没有"如果"。

没有如果，但不代表没有机会。

近年来，美国投资移民法案经过 32 年的修改，彻底解决了原有 EB-5"漫长等待"的顽疾。首度成功改革，无排期 EB-5 投资移民方式一跃成为当下定居美国最便捷、最快速的通道。美国国会要求移民局将区域中心 EB-5 投资移民项目位于目标就业区内，符合新政各项要求的 I-526 临时绿卡平均审批时间控制在 4 个月之内，彻底颠覆了旧政之下 I-526 临时绿卡长达 80 个月的审批时间。申请人获得临时绿卡的 2 年之后，转换为永久绿卡，21 周岁以内未成年子女的身份同步获得。

尽管如此，无排期的 EB-5 投资移民配额，每财年也仅仅预留 32%的签证份额，约 3200 张签证、1000 个家庭。有过 EB-5 投资移民经历的人都有过喜与悲。事实上，EB-5 投资移民项目的申请人当中，大约只有 25%的人获得绿卡并投资本金增值；大约有 25%的人获得了绿卡但是资金归零；还有大约 50%的人的糟糕项目导致没有拿到绿卡同时资金也血本无归。要知道，EB-5 投资移民全过程投入，那会是一笔足额的 80 万美元投资加 10 万多美元费用，总共超过 600 万元人民币。

可见，优质的、可靠的、稳定的 EB-5 投资移民项目变得稀缺。虽然需要 600 万元人民币，但是考虑到最终收回的投资本金和利息，实际支出的移民费用不超过 10 万美元（约 70 万元人民币）。比起子女留学的费用和焦虑，实在是太值得。

除了面子不值钱，美国仍然遍地黄金

2024 年 9 月

美国遍地黄金，曾经是华人移民们的感言。即使中国以奇迹般的速度经历了 40 多年的经济发展，相较之下，对于一般的中产和普通的工薪阶层来说，今天的美国仍然堪称遍地黄金。为什么要这么说？因为这是由自由经济的基础和资产价格的机制所决定的。

1 克黄金在当前近 600 元人民币，大约相当于 85 美元。中国的一个快递员约需要 24 小时的连续高强度劳动，而同样的快递员如果在美国可能只需要 3.5 小时。中国的一个高级职业焊工一个月工作 300 小时的薪酬或可以兑换 25 克黄金，而同样的焊工如果在美国只需要最多 40 小时工作。更加合理且值得推敲的是，将依赖基本劳动力和技能挣取生活费的群体分别在中国和美国的收入换算成黄金进行对比——在这种对比方式下，他们并不会因为同工不同酬的巨大收入差别而影响到生活支出成本的不同。中国的快递员和焊工，将必须消费的肉价、油价、车价、票价换算成美元，与美国的同业同行们大致一致，同档次同质量的住房则大多高于美国。

再看就业环境。由于美国有着强大的法律制度保障，加之领先的科技产业，美国的合法职业工种远比中国要多得多。高端的有航空机械修理、数据分析等专业，边缘化的有灰色行业大量从业，仅房产经纪人就有超过150万注册在册。再比如金融与保险的密不可分和高度依存，数百万持证保险经纪人活跃在经济市场且收入不菲，所不同的是中国的保险从业者往往被人们避而远之。

尽管如此，太多"初来乍到美国"的华人移民或留学生却极不适应，主要表现在：一是高消费的感觉；二是不便利的感觉；三是寂寞无聊的感觉。其实究其原因，所有的感觉都是因为没有融入工作、不了解体系、缺乏兴趣爱好。最重要的是，当"初来乍到的人"没有在美国工作或挣钱的时候，他们每消费1美元在心理上感觉的都是至少7美元。

只有"初来乍到美国的人"真正在美国工作或挣钱之后，他们才会体验到，哪怕一个月仅仅挣了5000美元，扣除日常生活必需的租房、用车、吃饭等必要开销大约2000美元之后，在政府全额补贴医疗的情况下，余下的3000美元兑换成人民币是何等的富足。然而，要想实现工作或挣钱，合法地讲必须获得"工卡+社安号"[28]，倘若没有提前规划，第一个年头需要有足够的耐心等待。由于近几年底层社会的移民大量涌入，Uber等网约车平台的注册资格也都提高到了必须获得满1年的美国驾照。当然，在第一个年头里，可以参加各种免费的语言或技能学习，可以注册公司做生意，也可以从事一些快递、仓库等雇主愿意

[28] 工卡（EAD，Employment Authorization Document）与社安号（SSN，Social Security Number）：在美国合法工作的两项基本证件。工卡由美国移民局（USCIS）签发，授权持有人在美合法受雇；社安号由社会保障局（SSA）签发，是美国居民的唯一身份识别号码，用于纳税、申请福利及金融账户开立等。两者是在美移民进入正式劳动市场的必要前提。

支付现金的工作。

捡拾矿泉水或饮料瓶，在公共场所摆地摊，一天挣30至50美元也不是没有可能，一个月也可以相当于捡到或挣到10克黄金。

在美国，有一万种挣钱的办法或机会，但就是在中国最值钱的"面子"不值钱。一是因为美国不是一个人情关系能够打破体系和解决法律问题的社会；二是在美国的资本与企业那里，虚张声势的所谓学术研究换不到钱，也站不住脚；三是没有人会在日常生活或遇到事情的时候感觉到政治与权力的存在与作用；四是任何一份工作都会被尊重、被平等获得福利保障。这就带来了一个问题，那些在中国的政治、学术、圈层里混得左右逢源、风生水起"有面子"的人，难免会有瞬间失落感。而对于放得下"面子"投入到力所能及的工作中的人，也会被依旧存在关系并保持联系的国内亲友"看不起"，嘴边一句话会是："一个堂堂大专家、大老板，干那种低人几等的工作，图个什么。"殊不知，劳动和职业本无贵贱之分，快乐和自由才有境界之大不同。

要说明的是，那些既不会英语、也没有技能、又不愿学习、甚至都不能用电脑在线办理各种事务、还不愿劳动的"初来乍到美国的人"，成为流浪汉，成为"要面子"的骂街客，怨不得美国政府和任何人。他们仍然能够得到美国政府和所有人的尊重，被允许以某种方式存在。

最后，我只想讲一句：一个国家的人民的收入、消费、保障，如果产生了巨大的不均衡，其实与科技、环境没有什么关系，根本原因在于体制和法律。全世界范围内，不只是美国才有遍地黄金，太多自由经济、民主体制、至上法律的国家，同样遍地黄金。

谨以对美国社会真实解读的文章，献给亲友和更多人，为了改变，为了未来，为了我们每一个真实的自己。

出国留学要不要算投入产出比？

2025 年 10 月 29 日

近年来，随着科技与经济的深刻变化，全球范围内新的产业和技术分工重塑了人才供需格局。曾经炙手可热的土木工程、企业管理、新闻文学等专业学科遭到边缘化，不仅波及大量老职场人，新入行的同类学子也几乎立即陷入困境。无论是国内的 985、211 学府，还是国际百强、常春藤名校，光环已无法为专业兜底。

花了百万元乃至数百万元出国留学，大多数学子毕业回国后面对的是月薪不足 1 万元的现实，也许穷尽一生也难以收回当初的投入。即使幸运地留在了发达国家，为了一纸身份而长年在漂泊飘零中煎熬，收支相抵后往往不足以买房安家，更遑论"回本"。现实的困惑助长了媒体热议，也扩张了个体与社会的不安情绪。

我在美国遇到过超过 20 个愁肠百结的留学生，聊的话题无非是：为什么、怎么办、还要不要继续读，甚至有人提出还要不要继续活。国内也有不少家长有意无意流露出焦虑——那都是真金白银，有的是血汗钱，有的是透支风险，有的是倾家荡产一搏。孩子与家长之间，太多人因为留学、工作、回国与否的问题，以金钱论因果、论得失、论成败，形成了一道迈不过去的坎。

我认为，无论是哪种情况的留学家庭和学子，都应当放下所谓的回本念头。对孩子教育的投入，本就不应当以产出比来衡量。

首先，为孩子提供教育是父母和家庭的责任。上帝对人类最早的定义，是亚当与夏娃偷吃禁果之罪。从那一刻起诞生了新人，抚养新人便成为一种对负罪的担当与偿还。人是有灵性的，会善也会恶，为人父母无一例外都是那偷吃禁果的负罪之人。根据人类的伦理，为孩子提供教育是义务的必然，而非投入产出的因果。

其次，教育影响的是一个人的一生，乃至一个家庭的数代人。 西方国家的教育体系中普遍有神学，与科学同等受重视。西方还有万圣节这样传统而隆重的节日，将地狱鬼怪制作成装饰物陈列于家中内外。神学与鬼怪潜在地为西方人提供的，是精神的信仰与框架：神代表着宏观而客观的环境与条件，即所谓命运；鬼怪代表着肉体的常态与死亡的概念，却并不真实存在。西方人从出生起便受这种教育熏陶，通常敬畏神，却不怕鬼。中国人则不同——有几个人不怕鬼？又有几个人真正敬畏神？社会心理学早已告诉我们，越是早年的教育与环境，越决定着一个人一生的性格与认知。

最后，读万卷书行万里路，其本质就是一种并不追求金钱回报的投入。 人们都知道身心健康比金钱财富更重要，却说起来滔滔不绝、做起来各行其是。有人事业操劳天天住五星级酒店却夜夜失眠，有人无拘无束风餐露宿却吃饱睡香，哪一种是幸福？不得而知。就像买一副新科技眼罩来保养眼睛或改善睡眠，不会产生直接的金钱回报，但依然值得去做。出国留学不仅仅是学历教育，更是人类全球化数千年兴起的文化沟通与交流。从这个角度看，出国留学是读万卷书与行万里路的兼得，是不可多得的幸运，完全没有必要硬性衡量所谓的回本与回报。

当然，说了这么多，归根结底还是教育与幸福息息相关。父母对子女的教育能否做到量力而行、高瞻远瞩，本身也是自身曾经所受教育与环境所塑造的认知。若非要在困境中让金钱起主导作用，只会带来更多悲悯乃至绝望，却于事无补。

出国留学所遭遇的困境，与其他困难、机遇和挑战其实异曲同工。胡志明[29]漂泊半生、入狱 13 个月后，成为越南人民的"胡伯伯"；赵长鹏[30]倾家荡产、入狱 4 个月后，成为全球数字货币与投资领域的顶尖人物。一切都别急。神学与科学都告诉我们，环境和条件是有规律的，也是会发生变化的。以变应变，或以不变应万变，都是我们可以根据自身条件去选择的应对之道。

---

29 胡志明：越南革命领袖，越南民主共和国缔造者，越南人民尊称"胡伯伯"。

30 赵长鹏：币安创始人，创业于上海，后“逃离式”出走。全球最大加密货币交易所掌门人，2024 年因违反美国反洗钱法规认罪并服刑，出狱后仍是数字货币领域最具影响力的人物之一。

民主是一朵脆弱的花——尼克松博物馆游记

2024 年 9 月 8 日

"向中国开放：改变世界的那一周"——理查德 · 尼克松总统图书馆暨博物馆的其中一个纪念馆入口处，醒目地告诉访问者，世界曾经因为美国总统理查德 ·米尔豪斯 ·尼克松（Richard Milhous Nixon）于 1972 年 2 月 21 日至 28 日访问中华人民共和国，而改变。

美国加州的约巴林达（Yorba Linda）市，有一处紧凑而精致的农宅，是美国第 37 任总统尼克松的故乡故居，现今被保护在占地 9 英亩的尼克松总统图书馆暨博物馆范围。农宅的北侧面东，理查德 ·尼克松与夫人帕特 ·尼克松（Patricia Ryan Nixon）的墓地，坐落在三棵松柏和两条长椅之间的一小块草地。作为一个由衷敬仰的中国人，我深情地三鞠躬。墓地下的"世界和平使者"，我的命运也因夫妇二人对世界的改变而改变。

时近中秋，圣盖博山（San Gabriel Mountain）上空一朵又一朵清闲的白云向着太平洋悠悠飘去，飘过约 400 平方英里的谷地。白云似乎要在约巴林达刻意静缓，聆听博物馆前人工喷泉瀑布的清脆声音，瞻仰洁白如玉的馆堂。一个人物毕生的历史徐徐展开，尼克松于 1913 年 1 月 9 日出生在父母的柑橘农场，他在少年时期帮助父亲以种植和杂货店为生，他的一生长达 80 年。他生命所属的 20 世纪后半个世纪，由他改变。

博物馆内至少有 4 个纪念馆需要长时间驻足，分布在多达 22 个独立空间里。

从 1961 年 5 月肯尼迪总统出兵越南支持南越抗击北越共产党，到 1969 年 1 月尼克松当选总统就职，美国已经有大约 50 万军人在越南战争中陷入胶着，3 万多美军阵亡，当时每周阵亡美军人数多达 300 人。尼克松在就职典礼上宣称："我们陷入战争，需要和平。我们陷入分裂，需要团结。"同年 6 月和 7 月，尼克松分别宣布首批撤军 25000 人和全面逐步撤军 50 万人的计划。尽管越南战争仍然持续到尼克松总统离职之后，长达 15 年时间内美国阵亡总数高达接近 6 万人，但是尼克松做出的撤军计划和行动，加速了和平的进程。纪念馆以画面和文字形式对尼克松与越南战争的决策和行动事件进行了宏大叙事。

约有 3 米高的一段残破的墙壁，鲜活地告诉人们，尼克松所主张的"一个联盟的欧洲"而不是老一套政治的"一个分裂的欧洲"同样符合美国的利益，最终以柏林墙被"推倒"而获得正确的验证。1969 年 2 月尼克松出访德国，在柏林演讲呼吁缓解柏林的紧张局势，次年参观柏林墙留下经典的外交形象照片。

关于苏联，早在 1959 年 7 月，时任副总统的尼克松和前苏联共产党第一书记赫鲁晓夫就有一场著名的"厨房辩论"。赫鲁晓夫声称苏联人只在意物品是否实用，对奢侈豪华的东西不感兴趣。尼克松则反驳道，在资本主义制度下，美国人都有选择如何生活以及买或不买的自由。辩论中，赫鲁晓夫声称尼克松的孙辈将在共产主义下生活，尼克松则声称赫鲁晓夫的孙辈将生活在自由之中。后来的事实是，1991 年赫鲁晓夫之子谢尔盖·赫鲁晓夫移居美国，并于 1999 年归化美国国籍成为自由人。"开放柏林墙，看人民往哪边走"，尼克松在欧洲、苏联问题上的解决方案，始终基于人民的立场。

在 1972 年的莫斯科峰会上，美国和苏联签署了限制两国战略武器数量和停止发展反弹道导弹的条约。

战争的创伤一度使得美国和中国之间有着一道外交"鸿沟"，在 1969 年之前的大约 20 年时间里，美国政治认为中国和苏联是一个联合体。尼克松认为应当在美国和中国之间建立外交"桥梁"，利用中国和苏联之间存在的分歧，绕道第三方国家"带话"，也要实现与中国直接对话并结盟。"让我们正视事实吧，从长期看，这具有很大的历史意义。你知道，当你停下来去想 8 亿人口以及他们将要去往何方……"尼克松对基辛格（Henry Alfred Kissinger）说。

1972 年 2 月，尼克松总统夫妇访问中国获得巨大成功，科技与教育随之开放。美国的化肥生产线为中国的农业带去增收，中国的一对大熊猫为美国人民带去和善。其间，夫人帕特·尼克松参观走访了中国的农场、工厂、学校，留下珍贵友谊。双方首次会面的 2 月 21 日下午在北京的毛泽东主席住所，尼克松说："您读了很多书。总理说您读得比他还多。"毛泽东主席说："昨天在飞机上您给我们提出了一个很难的问题。您说我们需要讨论的是哲学问题。"尼克松说："我这么说是因为我读过主席的诗和讲话，我知道您是一位专业的哲学家。"

与周恩来总理对话时，尼克松说："此时此刻，通过电信技术的奇迹，看到和听到我们讲话的人数超过了世界历史上任何其他时刻。然而，我们在这里说的话将不会被长久记住。但我们在这里的行动却能改变世界。如果我们两个伟大的民族成为敌人，世界的未来确实黯淡无光。如果我们能够找到共同的立场并共同努力，世界和平的机会将大大增加。"

对于帕特·瑞安（Patricia Ryan），尼克松一见钟情，立即展开追求，主动充当出行司机并坚持追求，终于赢得芳心，于1940年6月21日举办了婚礼。夫妇二人一生生有两个女儿，其中1人出生于现今博物馆内的那一幢农宅。1974年8月因"水门事件"被迫辞职后，尼克松随家人返回加州圣克莱门特的家。他在埃尔托罗海军陆战队航空站受到了数千名忠实支持者的欢迎。然而，相比1960年从副总统位置上在政治阴影中下台回到加州从事法律工作，这次归来标志着他人生中最黑暗和最艰难篇章的开始。"与我经历的其他危机相比，这一次我看不到活下去的理由，没有什么值得为之奋斗的事业。除非一个人有超越自已以外的活下去的理由，否则他就会死去。首先是精神上的死亡，然后是情感上的死亡，最后是身体上的死亡。"——理查德·尼克松。

他的传记作者乔纳森·艾特肯（Jonathan Aitken）这样写道，辞职后的尼克松"是一个痛苦煎熬的灵魂"。据说，在一次接受采访中，尼克松披露1975年初他的银行存款一度只有500美元。当然，世界不会忘记尼克松，也没有允许他仅仅生活在家人团聚、学习、写作之中。包括中国在内的数十个国家，尤其是第三世界的国家领导人，纷纷向他发出热情邀请，他在交往和交流中表达政治观点和主张，为世界人民的和平与经济发展贡献智慧和力量。

鲜明地反对政治思想的对立面，作为一个极力追求和主张自由、民主的政治家，尼克松的思想和外交中存在着谜团，那就是他与共产主义国家的友谊和结交。饱受争议之下，1993 年他在一封信函的字里行间或许能够解释他的初衷与方向。他在信里写道："你可能还记得，不仅在这份手稿中，在其他书中我也曾提到，美国人非常理想主义，无论是一战中的威尔逊还是二战中的罗斯福，我们总是将行动的基本自利和务实包装成理想主义的措辞。我还想引用《经济学人》的那句名言，意思是'民主是一朵脆弱的花，只有在土壤充分准备好的情况下才能茁壮成长'。"

理查德·尼克松于 1994 年 4 月 22 日去世，距离他深爱的妻子帕特去世（1912 年 3 月 16 日至 1993 年 6 月 22 日）不到一年。他的遗体安放在图书馆及出生地的大厅，约有 55000 名悼念者在不合时节的雨雪中排队数小时，只为向他致敬。五位在世的美国总统及其夫人出席了葬礼，此外还有约 4000 位受邀的朋友、同事、门生及市民。理查德·尼克松被安葬在与他结婚 53 年的妻子旁边。

还有更多。在你走进博物馆大厅，迎面看到具有巨大张力的尼克松面孔的那一刻；在你观看尼克松外交影片的那一刻；在你回放收听尼克松录音的那一刻；在你穿越体验到 20 世纪 60 年代美国和世界糟糕状况的那一刻；在你漫步波光粼粼的水景花园的那一刻；在你步入尼克松故居农宅，见证他简单起居和劳作的那一刻；在你驻足于半个世纪前的总统专用直升机的那一刻……都会向你展现一位鲜活的政治家和外交家。当然，他也熟悉商贩买卖，熟知法律和哲学，对探索月球和太空科学同样倾注了热情，他也是一位创新者和创业者，为世界耕耘，耕耘着世界。

国人移民美国所面对的苦与甜

2025 年 8 月 19 日

"我现在虽然送包裹、送外卖、在仓库打包贴标签，但在美国没有职业贵贱之分，干什么都是一份工作而已，内容简单，也很舒心。"如果你到了美国，接触到许多新近移民三五年以内的中国人，很容易听到这样的话。

果真如他们所说，在美国没有职业贵贱之分？干着送包裹、送外卖、仓库打包贴标签的活也能快乐？实则不然，其间充斥着太多的苦与泪，只能一边往肚子里咽，一边向他人强装出优越感。

除了那些有足够经济实力移民后可以颐养天年的人，绝大多数移民直接面对的是要挣钱吃饭、务工养家。否则，用人民币兑换美元支付日常开销，会令人坐立不安。想挣到钱，要么做生意，要么找工作。而这两件事偏偏都难上加难——技术工种在两国之间有壁垒，职业证书在美国是一道时间加技能的门槛，语言更是无处不在的障碍。通常来说，保安、保姆、保洁、网约车司机这类职业既要证书、又要背景调查，更遑论理发、电焊、修理、设计师、工程师、建造师这类专业工作。于是，最容易上手的，往往只有送包裹、送外卖、仓库打包贴标签和餐馆打杂。

为什么这类活儿相对容易找到？恰恰因为它们是美国最底层、收入最少、完全靠消耗体力和时间的工种——有身份、有技术、有地位的美国公民或长期居民不屑于去做，也没有必要去做。

在美国，职业有没有贵贱？显然是有的。移民嘴上说的快乐工作，不过是日复一日用体力和时间换来的微薄收入。每天普遍能挣到 100 至 150 美元，极少数人拼命或幸运能挣到 200 美元，收入只能按天累加，按月计算则意味着天天干、不得歇。

客观事实是，不论在国内是老板、官员、学者、专家还是技术人员，到了美国，几乎无一幸免要从这类活儿做起。

"自己选择的路，跪着也要走完。"这是中国人常挂在嘴边的一句自我安慰。无可奈何的无奈，正是本文开头那番话的真实底色。

当然，凡事没有绝对。对于那些倾家荡产、债台高筑，花了几万、十几万乃至几十万走非正常渠道入境美国的移民而言，他们或许在国内本就一直干着"铁人三项"（快递、外卖、网约车）或"吉祥三宝"（保安、保姆、保洁）这类苦力活，到了美国依然是同样的职业与工种，并不会有什么职业贵贱之别的落差感。这里补充一点：自 2024 年下半年起，非正规渠道入境美国所需费用逐月上涨，如今已 30 万元人民币起步，40 万至 50 万元人民币十分普遍。原因在于，那一条条非正规通道，机票要能买到，护照要能出得了海关，风险与失败同样是大概率。

苦、累、泪、无聊、孤独，使得他们会把一次聚会、一次爬山、一次购物，都当成足以炫耀的欢乐。唯有如此，才能让别人察觉不到真相。

为什么要移民？为什么要跪着也把这条路走下去？不只是

因为未来可以借助汇率优势挣得更多人民币，更因为各有各的曾经不幸与不堪——在体制鸿沟和法律鸿沟的另一边，可以隔离乃至埋没那些不幸与不堪。根据我的观察，来自中国大陆的华人移民中，带着孩子的单亲妈妈特别多；在国内负债或涉案的特别多；怀揣着挣到百万、数百万人民币发财梦想的特别多。移民美国，只要辛勤守法，过上正常日子乃至好日子，总归是有盼头的。而回国回乡回家那条路，也只能等到未来某一天，才敢去想象。

准确地说，他们之中有一部分人并不能算作移民——因为10年乃至更长时间内都不可能拿到美国绿卡，只是寄居于此，工作、做生意、挣钱。

我以学习、研究和交友的心态，接触过相当数量、背景各异的华人移民。绝大多数人，都想着有一天能够回国回乡回家。尽管那必定是有前提条件的，却并不妨碍他们对这片土地、对家乡、对家人怀有最深沉的爱与期盼。

www.ingramcontent.com/pod-product-compliance
Lightning Source LLC
LaVergne TN
LVHW100251210926
848480LV00003B/896